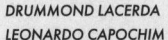

DRUMMOND LACERDA
LEONARDO CAPOCHIM

SAIA DO RASO

MERGULHANDO NA FÉ PARA
UMA VIDA SOBRENATURAL

DRUMMOND LACERDA
LEONARDO CAPOCHIM

SAIA DO RASO

MERGULHANDO NA FÉ PARA
UMA VIDA SOBRENATURAL

PREFÁCIO POR
MÁRCIO VALADÃO

Editora Quatro Ventos
Avenida Pirajussara, 5171
(11) 99232-4832

Diretor executivo: Raphael T. L. Koga
Editora-chefe: Sarah Lucchini
Edição e coordenação do projeto:
Sarah Lucchini
Equipe Editorial:
Braulio Brandão
Cristiane Brandão
Revisão: Paula de Luna
Diagramação: Vivian de Luna
Coordenação de projeto gráfico:
Big Wave Media
Capa: Bruno Leal

Todos os direitos deste livro são reservados pela Editora Quatro Ventos.

Proibida a reprodução por quaisquer meios, salvo em breves citações, com indicação da fonte.

Todas as citações bíblicas e de terceiros foram adaptadas segundo o Acordo Ortográfico da Língua Portuguesa, assinado em 1990, em vigor desde janeiro de 2009.

Todas as citações bíblicas foram extraídas da Almeida Corrigida e Fiel, salvo indicação em contrário.

Citações extraídas do *site* https://www.bibliaonline.com.br/acf acesso em maio de 2019.

1ª Edição: junho 2019
3ª Reimpressão: maio 2024

Ficha catalográfica elaborada por Geyse Maria Almeida Costa de Carvalho – CRB 11/973

L131s Lacerda, Drummond

Saia do raso: mergulhando na fé para viver o sobrenatural / Drummond Lacerda, Leonardo Capochim.
São Paulo: Quatro ventos, 2019.
198 p.

ISBN: 978-85-54167-16-5

1. Religião. 2.Ensino religioso.
3. Desenvolvimentoespiritual.
4. Desenvolvimento espiritual
I. Capochim, Leonardo. II. Título.

CDD: 207
CDU: 27

SUMÁRIO

PARTE 1 – ENTENDER E RECEBER

1. CERTEZA E CONVICÇÃO
Será que tudo o que você considera fato é real? 21

2. A FONTE DA FÉ
Seu milagre começa pelos seus ouvidos 31

PARTE 2 – VIDA PELA FÉ

3. O GRITO DO SILÊNCIO
O egoísmo calado pela voz da generosidade 55

4. O MAIOR PRESENTE
Arrebatando o coração de Deus para ser arrebatado 65

5. A PREVISÃO DIVINA
Preparando-se para um dilúvio de promessas 73

6. PISADAS ETERNAS
Quando a estrada tem as pisadas do pai da fé 81

7. QUEM DISSE?
Conhecer o caráter de Deus fortalece a nossa fé 95

8. PONDO A FÉ EM PALAVRAS
Criação, alimentação e direção estão na ponta da sua língua **107**

9. PROFETA PROSTRADO
De joelhos diante do Rei, de pé diante dos problemas **119**

10. USUFRUIR SEM PERTENCER
Quando nem os seus ossos ficarão no Egito **127**

11. DE PRÍNCIPE A ESCRAVO
O caminho da santidade que leva ao sobrenatural **135**

12. A FÉ DA PROSTITUTA
Abrace o que vem de Deus e Ele abraçará você **141**

13. HERÓIS ANÔNIMOS
Quando viver pela fé é morrer pela fé **149**

PARTE 3 - CRESCER E PERMANECER

14. ACADEMIA DA FÉ
Até os fracos podem se tornar fortes **159**

15. O ESCUDO DA FÉ
Apagando as chamas do inferno **171**

16. INIMIGOS DA FÉ
Nunca deixe de guardar aquilo que defende você **185**

AGRADECIMENTOS

A Deus. Tu és o Autor e Consumador da minha fé. Sem Ti nada do que foi feito se fez. Ao Senhor toda glória.

À minha esposa Raquel. Há um tempo, me peguei olhando as fotos de todo o nosso tempo de casados e nos vi em tantos lugares diferentes. Hoje, percebo que não consigo me ver nunca mais, em nenhum lugar, sem você. Amo você, minha esposa, amiga, ajudadora, leal, serva... Continuo olhando nos seus olhos.

À minha mãe Laudissea. Por me dar todo apoio, segurança, compreensão, exemplo e muito amor. Foram tantas as suas renúncias por me amar que me faltam palavras para agradecer. Obrigado por ser quem você é.

Ao meu irmão Charles. Mais do que um irmão você é um presente de Deus para mim.

A Walter, Laudineia, Renata, Laucineia, Vó Maria, Adeilson, Marcia, Vinicius, Ane, Felipe e Heitor. Dizem que família não se escolhe, bem, então me foi dada uma família muito melhor que as minhas melhores escolhas.

Ao Pr. Gustavo, ao Felipe e à Alexandra, amigos mais chegados que irmãos. Amo vocês!

Ao Braulio. Uma palavra, uma conversa e aquela sensação de que sempre estivemos perto, mesmo nas distâncias da vida. Obrigado por tudo!

Ao Pr. Leonardo e à Vanessa. Amigos, às vezes, parecem casas. Construídos com o tempo, abrigos seguros, íntimos, renovadores e especiais, mesmo sendo simples. Obrigado por serem "casa" para mim.

Drummond Lacerda

Agradeço a Deus por Seu amor e graça. Somente por Ti, de Ti e para Ti são todas as coisas. Só o Senhor é eternamente digno de todo louvor.

À minha esposa, Vanessa, por sempre estar ao meu lado, ser minha apoiadora, incentivadora e me permitir viver juntamente com ela todo o propósito de Deus.

Aos aos meus filhos, Bella Luisa e Benício, que são uma prova concreta da fidelidade divina em minha vida e que fazem parte da história da minha caminhada de fé.

Aos meus pais, que me ensinaram e foram exemplos de pessoas de fé.

Aos alunos e sempre alunos do Seminário Teológico Carisma. Vocês são muito especiais e são um dos motivos pelo qual me aventuro nessa jornada.

Ao ao meu pastor Márcio Valadão, uma inspiração e exemplo de herói da fé dos tempos atuais.

Às ovelhas da Lagoinha Fernão Dias, pois, juntos, temos experimentado tempos de conquista e avanço no propósito do Senhor.

Aos meus amigos Drummond e Raquel, conexões divinas que fazem com que o dia a dia do ministério seja cheio de alegria, café e unção.

Leonardo Capochim

PREFÁCIO

A fé é, com certeza, o investimento de maior risco que existe no mundo. Enquanto este tem buscado lugares seguros para investir suas vidas e riquezas, o cristianismo aponta para o lado oposto. A Bíblia nos revela que ela é o firme fundamento das coisas que se esperam e a certeza daquilo que não vemos. Ora, ter certeza daquilo que sequer podemos ver? Como é possível viver assim? Somente através de uma profunda imersão na intimidade com Cristo, seremos capazes de caminhar por fé.

Essa profunda imersão nos revela uma semelhança com a entrada no mar. No começo, estamos na segurança da terra seca, mas somos impelidos a seguir em frente. Conforme as águas passam a tocar nossos calcanhares, avançamos e, de repente, elas já estão molhando nossas pernas. Então, com coragem, continuamos adiante, e podemos sentir o frio da água tocando as nossas costas. Assim, quando nos damos conta, apenas as nossas cabeças estão de fora. O próximo passo nos colocará em lugares aonde nossos pés já não tocam mais o chão, estamos finalmente submersos e, para sobrevivermos, agora dependemos totalmente de Deus. Nesse estágio de profundidade e dependência, encontramos as mais impressionantes e maravilhosas experiências sobrenaturais com Ele. Esse é um local de grandes riscos, mas também é o único onde somos capazes de enxergar e ser usados para manifestar a glória de Deus e fazer milagres.

É evidente que viver nesse lugar de riscos, sendo sustentados apenas pela fé, não é fácil, mas é a única forma, se quisermos agradar a Deus. Por isso, precisamos buscar este caminho como algo imprescindível para a nossa jornada, pois é ele que nos ajudará a colocar a fé em prática.

Acredito que é justamente esse tipo de fé que nos leva a viver de forma sobrenatural. É a ousadia que a fé prática provoca que nos faz trazer o Reino dos Céus ao momento presente. Essa fé nos ensina que, sim, os milagres ainda acontecem, e nós podemos acessá-los. Mais do que viver pela fé, é importante torná-la prática e trazer à existência as coisas que não vemos, através das declarações e orações.

Os pastores Drummond Lacerda e Leonardo Capochim são provas vivas desta realidade. Homens de fé e apaixonados por Jesus, eles nos desafiam, através desta obra, a sair da zona de conforto, do lugar comum, e entrar nas águas profundas do Espírito Santo. Certamente, ao terminar a leitura deste livro, sua vida nunca mais será a mesma.

Bom mergulho e que Deus te abençoe nessa caminhada profunda de fé!

Pr. Márcio Valadão

INTRODUÇÃO

"As pessoas mais inteligentes do mundo", "os cinco homens mais ricos", "os cem melhores jogadores da história". As pessoas adoram fazer listas como essas. Curiosamente, reunir, refletir e anunciar uma série de nomes que influenciaram a história, por alguma razão, nos fascina. Talvez, porque, diante de listas assim, somos convidados a pensar no que seus integrantes fizeram para estar ali. Então, quase que de maneira automática, o que parece surgir em seguida é uma nova listagem elencando as virtudes que os fizeram se destacar: fé, coragem, estudo, disciplina, preparo e por aí vai. E é justamente em razão disso que somos convidados não apenas a admirar, mas a aprender com essas pessoas.

De Gênesis a Apocalipse, a Bíblia apresenta a história de homens e mulheres que fizeram a diferença na Terra. Porém, a sua intenção nunca foi só causar admiração, e sim promover o ensino. Deus quer que aprendamos com os exemplos bíblicos e apliquemos os princípios extraídos de suas vidas em nossa própria caminhada. Tanto é que o escritor de Hebreus nos apresenta uma série de heróis da fé, não como uma obra de arte a ser apreciada, mas como um modelo a ser vivido.

O famoso capítulo onze de Hebreus, na verdade, é didático. O desejo do autor era o de ensinar o significado de fé e apresentar as suas consequências na vida dos que a praticam. Do primeiro ofertante morto a uma prostituta, o escritor passa por homens como Abraão, Noé e Moisés. Mas cita também pessoas anônimas, das quais o mundo não foi digno, heróis e heroínas que entregaram suas vidas por amor ao Senhor.

Isso só me traz a certeza do quanto ler e estudar a respeito da vida de fé desses personagens é fundamental para lidarmos com a dissociação que vemos atualmente entre acreditar e agir. Hoje, a fé tem sido frequentemente estudada e analisada, porém pouco praticada. É por isso que o autor da epístola aos hebreus escolhe apenas um versículo do capítulo 11 para definir o que é fé, e mais de trinta versos para apresentar aqueles que viveram por ela. Ao escrever o mais completo e profundo texto sobre fé em toda a Bíblia, o escritor deu muito mais destaque aos exemplos práticos do que às definições teóricas. Para ele, o estilo de vida das pessoas era mais importante do que meras teorias humanas.

"Mas o justo viverá pela fé" (Hebreus 10.38a). A Bíblia define fé como um estilo de vida, não como um simples acessório para solucionar um problema. Entretanto, infelizmente, alguns tratam-na como um martelo: ferramenta que temos em casa, mas fica armazenada em um local inóspito, e só é usada quando surge uma necessidade específica. A fé não foi feita para ficar guardada, ela deve ser vivenciada. Aliás, a verdadeira fé bíblica é aquela que se manifesta no dia a dia. E é exatamente sobre esse tema e os seus infinitos desdobramentos que discutiremos nestas páginas.

Ao longo deste livro, conversaremos a respeito da definição de fé — sendo ela um estilo de vida e não uma filosofia — e entenderemos como podemos recebê-la, andar, crescer e permanecer nela. Portanto, prepare-se não apenas para ler sobre fé ou sobre os grandes homens e mulheres descritos em Hebreus 11, mas para se tornar como eles e assumir o seu lugar na lista dos que irão inspirar as futuras gerações.

Parte I

ENTENDER E RECEBER

Capítulo 1

CERTEZA E CONVICÇÃO

Será que tudo o que você considera fato é real?

O que ateus, panteístas, judeus e capitalistas têm em comum? A resposta é simples: crença. Uns creem que Deus não existe, outros veem Deus em tudo. Uns creem em um único Deus, outros veem o dinheiro como um deus. Os credos variam, mas não há ninguém que não possua fé em algo ou alguém.

Na verdade, a fé é necessária para a vida humana. Levantamos todos os dias porque acreditamos no trabalho. Crendo na importância da família, doamos nosso tempo a ela. Tomamos o remédio por crer que assim seremos curados. Todo comportamento humano tem uma crença que o sustenta. Isso quer dizer que, mesmo que de forma humana, todo indivíduo possui algum tipo de fé. Todavia, existem aqueles que receberam uma fé diferente. Uma que não foi formada a partir da interação com o mundo, mas que veio do próprio Deus através de Sua Palavra. A principal diferença entre a fé do mundo e a fé cristã é o material com o qual ela é formada. A fé cristã vem pelo ouvir, e o ouvir a Palavra de Deus.

A Bíblia nos ensina, por exemplo, a olhar para Jesus, "autor e consumador da fé" (Hebreus 12.2a). Isso nos permite entender que a fé, por si só, não carrega valor e nem motivo para glorificação. O segredo é o objeto no qual ela está centrada. Se colocarmos a fé no dinheiro, em uma imagem de escultura, em uma pessoa, em boas atitudes ou até mesmo no universo, em algum momento, perceberemos a falibilidade dessas coisas enquanto deuses. O que torna a fé cristã especial não é a fé em si, mas Cristo, o Salvador, porque apenas Ele é capaz de fazer com que esta se torne salvadora. Infelizmente, algumas pessoas possuem fé na fé, ou seja, acreditam no poder da crença. Dessa forma, com o tempo, a tendência de cada uma delas é ficar tão concentrada em medir a sua própria crença, avaliando seu poder ou sua fraqueza, que, por fim, acabam por esmorecer na fé. Por outro lado, a fé cristã é a fé **EM** Cristo. A solidez dela vem do material do qual foi formada. Por isso, ao defini-la, a Bíblia a compara com um fundamento:

> Ora, a fé é o firme fundamento das coisas que se esperam, e a prova das coisas que se não veem. (Hebreus 11.1)

A expressão "firme fundamento", em grego, é *hupostasis*, que significa: "certeza, suporte, substância, segurança, realidade, pilar"[1]. Se pensarmos em um prédio, por exemplo, a coluna é o que lhe dá sustentação, é o seu firme fundamento. A resistência de uma coluna depende do material que a formou. Um pilar de gesso tem muita beleza, porém pouca resistência, pois seu material é fraco e sensível. Já uma coluna de concreto nem sempre é bela, mas consegue sustentar grandes edificações, pois o material que a formou é capaz de resistir a pressões e depreciações.

O material que forma a coluna da fé é a Palavra de Deus. Isso significa que aquilo no qual nos apoiamos e esperamos não desabará, pois a nossa esperança está sustentada pela crença na Palavra, a verdade absoluta e imutável. E assim como o teto depende do alicerce, a esperança depende da fé. Muitas pessoas não têm paciência para esperar, porque perderam o fundamento do crer. Imagine uma moça solteira que recebeu uma palavra do Senhor dizendo que ela iria se casar com um homem segundo o coração de Deus. Ao acreditar na palavra recebida, ela decidiu esperar com alegria pelo cumprimento da promessa, porém, passado certo tempo, ela se cansou de simplesmente esperar e iniciou um relacionamento contrário à vontade do Senhor. Se indagada sobre a questão, ela poderia dizer: "Demorou

---

[1] STRONG, James. **Léxico Hebraico, Aramaico e Grego de Strong**. In app Olive Tree, Bible Study.

demais. Eu cansei de esperar! Perdi a paciência e agarrei a oportunidade". Na verdade, ela não perdeu a paciência, o que ela perdeu foi a fé no que Deus iria fazer. Sem o fundamento da fé, o teto da esperança desmorona. Por trás de um crente impaciente existe uma raiz de incredulidade.

O interessante é que o versículo não para por aí. Após definir fé como o firme fundamento da esperança, o escritor da epístola aos hebreus continua dizendo que a fé também é a convicção de fatos que não se veem. Muito do que a Palavra de Deus declara, nossos olhos não são capazes de enxergar. Deus, as promessas futuras, o sacrifício de Jesus, os anjos, o Céu... Todas essas são realidades invisíveis a nós no âmbito natural. O problema é que a invisibilidade faz muitos não acreditarem na Palavra de Deus.

O raciocínio é: "não vejo, logo, não existe". Contudo, invisibilidade não é sinônimo de inexistência. O vento, as ondas de rádio, as palavras e sentimentos são invisíveis, mas ninguém ousaria afirmar que não são reais. Note como a versão Bíblia Amplificada traduziu esse verso:

> Agora, fé é a garantia (a confirmação) de coisas que esperamos, sendo a prova de coisas que não vemos e a convicção da sua realidade [**fé é entender como fato real o que não foi revelado aos sentidos**]. (Hebreus 11.1 – Bíblia Amplificada – grifo dos autores)

Um fato é uma verdade absoluta, real, existente, inequívoca, declarada. Toda realidade existente na Terra teve uma só origem: o Verbo de Deus.

No princípio era o Verbo, e o Verbo estava com Deus, e o Verbo era Deus. Ele estava no princípio com Deus. Todas as coisas foram feitas por intermédio dele, e sem ele nada do que foi feito se fez. (João 1.1-3)

O próprio autor da carta aos Hebreus declara que: "Pela fé entendemos que os mundos pela palavra de Deus foram criados; de maneira que aquilo que se vê não foi feito do que é aparente" (Hebreus 11.3). Veja, a realidade existe pela Palavra. O fato, portanto, foi estabelecido pelo Verbo de Deus. Fato, então, é tudo aquilo que Jesus diz. Assim, algo que nunca saiu dos lábios de Jesus, ainda que tenha sido declarado por alguém, é fantasia ou engano. Quando Jesus fala, o fato passa a existir como realidade, seja ele material ou espiritual. Seguindo esse raciocínio, a fé deve vir após o fato e nunca antes. Ou seja, é impossível ter fé em algo que Jesus não disse, afinal, ela não é a convicção de fantasias nem de desejos pessoais, e sim a convicção de **fatos**.

Dicionários bíblicos definem fé como: "persuasão, convicção plena, convicção baseada em fatos que foram ouvidos, crença, confiança, confiar em alguém, aquilo que se crê"[2]. Baseado nessas definições, podemos afirmar então que ter fé é sermos persuadidos pelo que ouvimos da Palavra de Deus a ponto de termos convicção plena no próprio Deus.

Entretanto, não basta entendermos com clareza o que é fé, precisamos entender também o que não é fé.

O QUE NÃO É FÉ

José não quis ter autoridade acima de seus irmãos. Maria não suspirou por ser mãe de Cristo antes de casar. Moisés relutou em ser o libertador de Israel. O perseguidor Saulo não desejava ser o apóstolo Paulo. Foi Deus quem fez José se tornar governador; Maria, mãe do salvador; Moisés, libertador; e Paulo, apóstolo. Deus colocou a Sua vontade dentro do coração deles. Esses personagens não cumpriram suas próprias ambições, pelo contrário, eles se renderam aos desejos divinos.

Fé não é clamar para que Deus abençoe desejos pessoais, mas se render ao propósito divino declarado nos Céus e ecoado na Terra. Há muitos movimentos dentro e fora da Igreja que motivam pessoas a serem ambiciosas e mascararem esse pecado, afirmando ser "ousadia de fé". Dessa forma, muitos são levados a acreditar que o propósito da fé é compelir Deus a fazer

---

[2] VINE, W. E.; UNGER, Merril; WHITE, William. **Dicionário Vine**, p. 648.
STRONG, James. **Léxico Hebraico, Aramaico e Grego de Strong**. In app Olive Tree, Bible Study.

aquilo que querem, enquanto, na realidade, a fé é o que nos capacita a obedecer aquilo que Deus ordena. Ambiciosos podem até alcançar grandes conquistas, mas só os que caminham por fé são capazes de obedecer a Deus e experimentar as recompensas celestiais.

Isso não quer dizer que Deus não queira o melhor para os Seus filhos. Na verdade, a Sua vontade é o melhor. Homens de fé investem tempo na Palavra e em oração para discernir a vontade de Deus, ao invés de simplesmente sonharem sozinhos. Uma vez que fé é crer em Deus, aqueles que têm uma fé cristã fogem de apoiar-se em seus sonhos, desejos e propósitos pessoais. Antes, confiam em quem Deus é e no que Ele pode fazer.

Logo, fé não é ambição. Fé também não é um sentimento, apesar de ser taxada por muitos como tal. Com o avanço dos estudos sobre a *psique* humana, cada vez mais, a sociedade tem dado importância demasiada aos sentimentos. Ouvimos constantemente frases como: "O importante é se sentir bem."; "Como você está se sentindo hoje?"; "Você está sentindo a presença de Deus?". Repare: a nossa sociedade valoriza mais os sentimentos do que as convicções. Na verdade, estamos filtrando o que cremos pelo que sentimos. Em outras palavras, cremos que Deus está presente se conseguimos sentir, só acreditamos que dará certo se sentirmos uma boa vibração, teremos a certeza de que foi Deus que nos colocou no ministério x ou y apenas quando nos sentirmos realizados ao exercê-lo.

Certa vez, a escritora Joyce Meyer disse: "Parece que estamos sentindo ou não sentindo o tempo todo. Como cristãos, em vez de nos concentrarmos no que sentimos, temos de nos concentrar no que cremos"[3]. Muitas vezes, a fé não será acompanhada por um sentimento correspondente. Nem sempre nos sentiremos eufóricos ou animados com aquilo que Deus nos disse. Tomando como exemplo Jesus Cristo, sabemos que "Ele, pela alegria que lhe fora proposta, suportou a cruz, desprezando a vergonha, e assentou-se à direita do trono de Deus." (Hebreus 12.2b - NVI). A cruz fez com que o Salvador sentisse dor. Se Cristo fosse basear a sua fé em sentimentos, Ele rejeitaria a dor e perderia o propósito do Pai. Porém, pela fé, vislumbrou a alegria que lhe estava proposta e perseverou em convicção.

Por fim, fé também não é lógica. Embora a razão seja um presente de Deus para todos nós, e tenhamos que usá-la, inclusive para compreender as Escrituras, precisamos tomar cuidado com a idolatria à lógica. Deus está acima da razão humana. Nós nunca seremos capazes de explicar a origem de Deus, descrever a eternidade ou detalhar cientificamente o processo de transmutação da água em vinho. Também não acharemos a revelação plena de Deus nas explicações dos filósofos. E é tentando entender tudo que os teólogos não entendem nada.

---

[3] MEYER, Joyce. **A Formação de um Líder**. 2005. Belo Horizonte-MG: Bello Publicações.

"Pela fé entendemos..." (Hebreus 11.3a). O autor de Hebreus, ao afirmar essa verdade, está nos ensinando que nem tudo na vida cristã pode ser entendido pela lógica. Existem verdades que só podem ser compreendidas pela fé. Afinal, não há elementos palpáveis que corroborem algumas verdades divinas. Pela lógica entendemos que cinco pães e dois peixes alimentariam até, no máximo, cinco homens. Mas, pela fé, conseguimos enxergar que cinco pães e dois peixes são suficientes para alimentar cinco mil homens, fora mulheres e crianças, quando Jesus é quem manda distribuir os pães. Racionalmente, vemos que a água está em estado líquido e, portanto, não podemos andar sobre ela. Pela fé, contudo, entendemos que, quando Jesus diz "Vem", as águas turbulentas se tornam firmes o bastante para que caminhemos sobre elas. Sabemos também que saliva não é remédio para cegueira, grito não é arma de destruição e água de rio não trata lepra. Porém, pela fé, compreendemos que Deus é capaz de operar milagres usando qualquer instrumento que Ele desejar.

Por isso, simplesmente creia no que Deus disse a você. A Palavra é o material que formou a sua fé. Apoie-se nela sem medo, pois não há peso ou pressão que a faça desmoronar. Sua esperança está em um firme fundamento. Não se baseie em ambições, sentimentos e lógica, mas na convicção estabelecida por uma verdade imutável. Fato não é o que você vê. Fato é o que Deus disse.

Capítulo 2

A FONTE DA FÉ

Seu milagre começa pelos seus ouvidos

Maria é uma mulher inteligente e bonita. Bondosa e uma excelente profissional. Contudo, ela guarda uma grande frustração emocional: foi traída pelo antigo namorado que amava. Hoje, Maria não quer se relacionar com ninguém e vive afirmando que "homem é tudo igual". Ela ouviu a voz da frustração e acreditou.

Alan sempre foi muito dedicado às coisas de Deus. Servir ao Senhor sempre foi um prazer para ele. Porém, os seus amigos próximos sempre faziam questão de reforçar a sua incapacidade, além de criticá-lo em tudo o que fazia. Um dia, o seu pastor convidou-o para liderar um pequeno grupo na casa de uns irmãos. Por causa das constantes críticas a que era submetido, ele se sentiu inseguro demais e acabou recusando o convite. Alan ouviu a opinião das pessoas e acreditou.

David sempre foi um estudante dedicado. Ele sonhava com uma vaga em um concurso público extremamente concorrido, entretanto, apesar de toda a sua bagagem, esforço e preparo, ele jamais se inscreveu no concurso. Assim que pesquisou a relação candidato/vaga, percebeu que precisaria tirar nota máxima em quase todas as matérias, e, por isso, desistiu antes mesmo de tentar. David ouviu a voz das adversidades e acreditou.

Apesar dos personagens, histórias e contextos serem diferentes, a lição que tiramos é apenas uma: a fé vem pelo ouvir. Frustrações do passado, opiniões de pessoas e adversidades são algumas das vozes que podemos ouvir e, eventualmente, acreditar. Logo, da mesma forma que a fé bíblica vem pelo ouvir a Palavra de Deus (Romanos 10.17), as crenças mundanas são formadas ao ouvirmos palavras que não se originaram n'Ele.

Adão e Eva foram os primeiros seres humanos a ouvir a voz de Deus. Mas também foram os primeiros a dar ouvidos a uma voz que não procedia d'Ele. A serpente disse, eles acreditaram e, assim, desobedeceram a direção do Senhor. O apóstolo Paulo diz que no mundo há muitas vozes: "Há, sem dúvida, muitos tipos de vozes no mundo; nenhum deles, contudo, sem sentido." (1 Coríntios 14.10 – ARA), e é por esse motivo que precisamos tomar muito cuidado com os tipos de vozes a que temos dado ouvidos. Afinal, aquela que cativar a nossa atenção se tornará a fonte das nossas crenças e, consequentemente, a condutora dos nossos comportamentos.

Infelizmente, vivemos em meio a uma geração governada por traumas do passado, que dá mais crédito ao que aconteceu do que àquilo que Deus pode fazer. Conhecemos pessoas que não oram mais pelos enfermos por não acreditarem na cura. Quando questionadas, elas não respondem baseadas na Bíblia, mas na experiência frustrante que viveram. Pedro é um exemplo de alguém que passou uma noite toda com uma experiência desanimadora também. Trabalhou incessantemente, mas não pegou nenhum peixe. E no seu caso, essa situação significava não ter recursos para suprir a sua própria família.

Todavia, quando Jesus o orientou a ir ao lugar mais fundo outra vez, ele disse: "Mestre, havendo trabalhado toda a noite, nada apanhamos..." (Lucas 5.5a). Repare como, inicialmente, ele respondeu com base em sua experiência frustrada. Entretanto, não parou por aí. Pedro continuou dizendo: "[...] mas, sobre a tua palavra, lançarei as redes." (Lucas 5.5b). Ele não se recusou a crer e a obedecer por causa de seu recente fracasso. A palavra de Jesus teve mais peso do que a frustração do passado. Observe que, se ele não obedecesse ao que tinha ouvido, voltaria para casa com o barco vazio. Muitas pessoas preferem a certeza do fracasso do que a possibilidade do milagre. É triste dizer, mas na Igreja há muitas pessoas que creem mais nos traumas de sua história do que na voz do Espírito Santo.

Enquanto o passado paralisa algumas pessoas, muitos não conseguem avançar, pois dão valor demasiado à opinião de outros ao seu redor. A palavra "opinião", no Novo Testamento, em alguns momentos é também traduzida como "glória". *Doxa*, segundo o dicionário bíblico, significa "opinião, julgamento, ponto de vista"[1]. Esta é a palavra grega que também aparece no texto original em versículos como o de João 5.44: "Como vocês podem crer, se aceitam glória uns dos outros, mas não procuram a glória que vem do Deus único?" (NVI). Em outras palavras, Jesus está dizendo: "Como vocês podem ter a fé em Deus, a verdadeira fé bíblica, se buscam a opinião ou ponto de vista dos homens, e não de Deus?".

Amigos podem dizer que você não consegue, mas Deus diz que você pode todas as coisas. Seu pai talvez tenha lhe dito que você é um zero à esquerda, porém seu Pai Celestial o chama de filho amado.

Se, por um lado, seu patrão o ofende, o seu Rei lhe chama de príncipe. Qual é o ponto de vista em que você tem acreditado? A quem você tem dado ouvidos?

Além das pessoas, gigantes, tempestades, montes, prisões e desertos também fazem muito barulho em nossos ouvidos. Todos esses são figuras bíblicas de

---

[1] STRONG, James. **Léxico Hebraico, Aramaico e Grego de Strong**. In app Olive Tree, Bible Study.

adversidade e para cada um deles a Bíblia propõe uma solução diferente. Com os gigantes, enfrente-os. Nas tempestades, descanse. Aos montes, declare sua fé. Nas prisões, adore. Ao atravessar os desertos, persevere. Porém, nunca incline os ouvidos à voz das adversidades.

Por quarenta dias, o gigante Golias disse – e todo o exército de Israel ouviu – até que todos acreditassem que não poderiam vencer. Da mesma forma, vemos grandes valentes acovardados nos dias de hoje. Homens de Deus que estão perdendo promessas porque se veem como gafanhotos diante de gigantes. A vitória de Israel contra todos os inimigos que estavam na Terra Prometida já havia sido garantida pela voz de Deus. Mas o pessimismo do povo, que veio como fruto do ouvir, e ouvir a voz das adversidades, fez com que eles desistissem. O pessimismo pode nos levar a desistir das vitórias que já estão ganhas. Para dar espaço à fé bíblica, certifique-se de que não está depositando a sua confiança em seus traumas passados, na opinião de pessoas ou nas adversidades.

GERANDO A FÉ BÍBLICA

Para gerar a fé cristã, precisamos entender o processo de ouvir. Por mais estranho que pareça, somos capazes de fazê-lo não apenas pelos nossos ouvidos. Quando falamos do ato de "ouvir" a que a Bíblia se refere, precisamos levar em conta a forma como recebemos informação. Nesse sentido, o paladar capta a informação do salgado e do doce, o tato recebe a informação do quente ou frio, o olfato, do mau odor ou perfume. Desse modo, somos captadores de informações, e este é um processo ininterrupto e inerente ao homem.

Quando a informação é captada pelos cinco sentidos físicos, ela, então, é conferida com o registro interno que a pessoa possui. Temos, por exemplo, a referência de que o leão é um animal perigoso. Por isso, se a nossa visão perceber um leão se aproximando, teremos medo. Contudo, se esse animal se aproximar de um domador de leões experiente, que tem o registro de como lidar com ele, o medo será controlado e dará espaço para um comportamento mais sereno se manifestar. O ato de ouvir, capaz de nos levar a um comportamento, vem por meio da captação da informação somada ao que está depositado dentro de nós.

Portanto, quando pensamos que o ouvir vem apenas pelos ouvidos, ficamos muito limitados. Repare que Golias falou com Davi, mas os gigantes da Terra Prometida não confrontaram os doze espias. Eles apenas viram os gigantes e processaram isso com um registro de medo e inferioridade. Os olhos captaram a informação, que fez com que eles acreditassem que eram incapazes como gafanhotos. Veja, uma convicção foi gerada no coração deles não por aquilo que seus ouvidos receberam, mas pelo que os seus olhos "ouviram".

Quando entendemos esse processo, captamos não apenas a informação bíblica, mas deixamos a Palavra de Deus transformar os nossos registros internos. Todos fogem dos "leões", mas nós fomos treinados pela Palavra de Deus para domar e dominá-los conforme vêm contra nós. Para esse propósito, precisamos entender o que a Palavra diz sobre receber a fé:

> Porque todo aquele que invocar o nome do Senhor será salvo. Como, pois, invocarão aquele em quem não creram? e como crerão naquele de quem não ouviram? e como ouvirão, se não há quem pregue? [...]De sorte que a fé é pelo ouvir, e o ouvir pela palavra de Deus. (Romanos 10.13-14,17)

O que esse texto nos traz é a ideia de uma escada cujo primeiro degrau é o envio do pregador e o objetivo final é a salvação. Entre o primeiro e o último degraus está a pregação, o ato de ouvi-la, o crer e o invocar. Não existem estes dois últimos sem que haja o ouvir. O milagre da salvação passa pelos nossos ouvidos.

Quando Deus quer agir na vida de uma pessoa, Ele começa provocando os seus "ouvidos". De alguma forma, o Senhor começa a falar. Seja através de uma experiência, de um pregador, de uma leitura ou em um momento de oração. Se dermos ouvidos, abriremos espaço para a fé e, consequentemente, para a intervenção divina na nossa história. Por incrível que pareça, o nosso milagre começa pelos ouvidos.

Assim, à luz do texto bíblico, podemos afirmar que as causas para a incredulidade são: nunca ter ouvido a Verdade ou ouvir e rejeitá-la. Se é pela Palavra de Deus que alguém recebe a fé, a falta dela mantém a pessoa em uma condição de incredulidade por ignorância. Porém, o ouvir e rejeitar é razão mais frequente para a impiedade em nossa sociedade. Muitos recebem, mas desprezam o que ouviram. Exemplo disso é quando o Senhor Jesus foi em Sua cidade natal, as pessoas ouviram a Sua pregação, todavia, observe como o texto bíblico descreve a reação que eles tiveram:

> E, chegando o sábado, começou a ensinar na sinagoga; e muitos, ouvindo-o, se admiravam, dizendo: De onde lhe vêm estas coisas? e que sabedoria é esta que lhe foi dada? e como se fazem tais maravilhas por suas mãos? Não é este o carpinteiro, filho de Maria, e irmão de Tiago, e de José, e de Judas e de Simão? e não estão aqui conosco suas irmãs? E escandalizavam-se nele. E Jesus lhes dizia: Não há profeta sem honra senão na sua pátria, entre os seus parentes, e na sua casa. E não podia fazer ali nenhuma obra maravilhosa; somente curou alguns poucos enfermos, impondo-lhes as mãos. E estava admirado da incredulidade deles. (Marcos 6.2-6a)

Os nazarenos ouviram a mensagem de Jesus, mas desprezaram-na por estarem familiarizados com Ele. O Senhor ficou admirado com a incredulidade deles e, por isso, não pôde fazer nenhum milagre ali. O mais impressionante é que quem estava pregando não era um homem comum. O pregador era o próprio Verbo que se fez carne. N'Ele havia abundância de unção, autoridade, poder e amor. Sua mensagem era clara e cheia de sinais. Portanto, a razão para a incredulidade em nenhum momento pode ser atribuída ao Mestre. Foram os próprios nazarenos que tamparam os seus ouvidos, isso resultou no impedimento da manifestação do sobrenatural naquele lugar.

> E vemos que não puderam entrar por causa da sua incredulidade. [...] Porque também a nós foram pregadas as boas novas, como a eles, mas a palavra da pregação nada lhes aproveitou, porquanto não estava misturada com a fé naqueles que a ouviram. (Hebreus 3.19; 4.2)

Mas os nazarenos não foram os únicos que, mesmo tendo ouvido, não creram. O escritor de Hebreus faz referência ao povo de Israel, que não entrou em Canaã por causa da incredulidade. As boas notícias foram anunciadas, mas eles não entraram na Terra Prometida por não terem misturado fé com aquilo que ouviram da parte de Deus. Cada palavra de Deus que é direcionada para nós não pode permanecer sozinha, mas precisa ser acompanhada e regada por fé. A forma como ouvimos determinará o que será produzido: a incredulidade ou a fé.

VEDE COMO OUVIS

Como pregadores do Evangelho já há alguns anos, temos tido a oportunidade de anunciar a Palavra de Deus a diferentes públicos. Algumas vezes, Deus nos dirige a pregar a mesma mensagem em diferentes cidades. E é assustador perceber que a mesma pregação que gerou um ambiente de avivamento em um lugar, em outro, foi recebida com frieza e indiferença. Por que isso acontece? Por que uns são Judas e outros são Pedro? Por que uns são Barnabé e outros são Ananias e Safira? Por que uns são Timóteo e outros são Demas? A resposta está na maneira como "ouvimos", e não apenas no sentido de audição, como já comentamos. Por isso, Cristo deixa um alerta a todos os que querem segui-lO:

> Vede, pois, **como ouvis**; porque a qualquer que tiver lhe será dado, e a qualquer que não tiver até o que parece ter lhe será tirado. (Lucas 8.18 – grifo dos autores)

A palavra traduzida como "vede", no original grego, significa "discernir, perceber, voltar o olhar para algo, observar, considerar"[2]. O ensinamento de Jesus neste trecho é justamente a necessidade de voltarmos a nossa atenção e considerarmos atentamente a forma como ouvimos. Não basta apenas ouvir, devemos

---

[2] STRONG, James. **Léxico Hebraico, Aramaico e Grego de Strong**. In app Olive Tree, Bible Study.

atentar para a maneira como estamos fazendo isso. A fé vem pelo ouvir, e ouvir a Palavra de Deus, por isso, se eu estou fisicamente ouvindo a Palavra, mas não estou crescendo em fé, devo observar se estou fazendo da maneira correta.

Nos lugares onde pregamos a mesma mensagem e não vimos os mesmos resultados positivos presentes em outros locais, era perceptível a indiferença e o distanciamento do público em relação à palavra propagada. Conversas paralelas, pessoas ao celular e expressões faciais indicavam indiferença ao pregador e à mensagem. Quando os nossos ouvidos falham, perdemos o melhor de Deus para nós.

Porém, quando focamos em ouvir e reter a Palavra, abrimos espaço para sermos totalmente transformados pela verdade e o poder que existem nela. A igreja que se reunia na cidade de Tessalônica é um exemplo claro disso.

E foi, inclusive, elogiada pelo apóstolo Paulo exatamente por causa da maneira como ouvia a mensagem:

> Com efeito, vos tornastes imitadores nossos e do Senhor, tendo recebido a palavra, posto que em meio de muita tribulação, com alegria do Espírito Santo. [...] Outra razão ainda temos nós para, incessantemente, dar graças a Deus: é que, tendo vós recebido a palavra que de nós ouvistes, que é de Deus, acolhestes não como palavra de homens, e

sim como, em verdade é, a palavra de Deus, a qual, com efeito, está operando eficazmente em vós, os que credes. (1Tessalonicenses 1.6; 2.13 - ARA)

Essa igreja recebeu e ouviu com alegria a Palavra como se fosse o próprio Deus falando através de homens. Por isso, tornou-se um modelo de comportamento exemplar, manifestação de fé, esperança e amor para todas as igrejas na Macedônia e em Acaia. Observando a igreja de Tessalônica, percebemos que a forma de receber a mensagem foi crucial para que ela se tornasse uma igreja saudável.

O caminho para o crescimento, portanto, passa pelos ouvidos. Quando Jesus disse para observarmos a forma como ouvimos, logo depois Ele prosseguiu afirmando que "a quem tiver mais lhe será dado". Ou seja, se atentarmos para os nossos ouvidos, seremos acrescentados naquilo que temos. Porém, se não cuidarmos de receber e preservar o que Ele nos fala, perderemos até o que pensamos possuir. Ganhar ou perder. Crescer ou regredir. Tudo depende da maneira como ouvimos a mensagem.

O interessante é que o alerta de Cristo sobre "vermos, pois, como ouvimos", no Evangelho de Lucas, é precedido por uma das parábolas mais importantes que Jesus declarou: a parábola do semeador. O Senhor chegou a dizer que quem não entende a parábola do semeador não poderá entender as outras: "Então, lhes perguntou: Não entendeis esta parábola e como compreendereis todas as parábolas?" (Marcos 4.13 - ARA). Isso, porque o assunto principal dessa parábola é a forma como ouvimos.

Nessa passagem, existem três figuras centrais: o semeador, a semente e os solos. O semeador é o pregador da Palavra. A semente é a Palavra de Deus. O solo é o coração do homem. Contudo, o semeador e a semente são meros coadjuvantes. A ênfase de Jesus está nos solos. Isso já nos mostra que, boa parte das vezes, o problema não é o pregador nem a Palavra anunciada, mas a forma como as pessoas estão ouvindo. Os frutos dependem mais de como o solo ouve do que como o semeador fala.

O primeiro solo é o chamado de beira do caminho. Nele, a semente cai, mas devido a sua dureza e retração, ela não o penetra. Com isso, a semente acaba ficando na superfície e as aves, que simbolizam o Diabo, podem roubá-la. Assim é o coração de alguns homens: completamente endurecido em relação às coisas de Deus. Eles ouvem, porém não abrem o coração para a semente. Antes mesmo que a informação seja processada, eles a rejeitam. É em razão disso que a Palavra alerta: "Hoje, se ouvirdes a sua voz, não endureçais os vossos corações, como na provocação." (Hebreus 3.15b). Quando o endurecimento acontece, a palavra fica na superfície e a esse lugar o Diabo tem acesso. Satanás não alcança a semente que penetrou no coração. No entanto, a superficialidade é um terreno propício para os seus ataques.

O segundo solo é o chamado de rochoso. Havia pouca terra por causa das rochas e, consequentemente, as raízes não podiam se aprofundar. Quando veio o sol, que representa as angústias e perseguições, logo a planta se ressecou. Na primeira dificuldade, os ouvintes rochosos se escandalizam. Esses são aqueles que, a princípio, parecem ter ouvido da forma correta, pois receberam a mensagem alegremente, como os tessalonicenses. Entretanto, a sua alegria era superficial. O problema deles não foi deixar de meditar na palavra ouvida, mas sim não permitir que ela criasse raízes profundas em seus corações. Existem corações que estão apenas parcialmente abertos para a Palavra de Deus. Eles não a rejeitam por completo, mas também não lhe dão livre acesso. O problema é que, sem profundidade, qualquer adversidade irá nos destruir.

Já o terceiro solo é o chamado de espinhoso. Nesse tipo de terreno, a semente penetra e se enraíza na terra, porém é sufocada por espinhos, tornando-se infrutífera. Os espinhos representam os cuidados do mundo, a fascinação pelas riquezas e as demais ambições. Quando o homem pecou no jardim do Éden, a terra começou a produzir espinhos (Gênesis 3.18). Por dar ouvidos à voz do Diabo, o homem passou a ter que conviver com eles. Podemos afirmar, então, que espinhos são o resultado de dar ouvidos às sugestões das trevas. Nessa terra, havia espaço para a semente de Deus, mas também para a semente maligna. Faltou exclusividade. Se não cortarmos as ambições malignas, elas irão sufocar a semente divina. Sufocar é cortar o ar. Asfixiar alguém é pressionar o pescoço do outro a ponto de sua vida ser interrompida. Sementes malignas estão tentando tirar o ar e a vida daquilo que Deus disse a você. Por isso, arranque pela raiz os espinhos que têm tentado matar os projetos divinos semeados em seu coração, a fim de que a Palavra tenha o espaço necessário para frutificar.

Por fim, Jesus nos fala da boa terra. Ao descrever tal solo, cada evangelista dá um destaque especial. Mateus nos mostra que a boa terra ouve e compreende (Mateus 13.23). Marcos nos fala que este solo ouve e recebe (Marcos 4.20). E Lucas diz que a terra boa é um bom coração que retém a palavra (Lucas 8.15 - ARA).

Compreender é a primeira chave para sermos uma boa terra. O ser humano, muitas vezes, quando não entende um assunto, tende a deixá-lo de lado. Quando isso acontece e não procuramos compreender, estamos dizendo que aquilo não é importante para nós. Além disso, tudo que abandonamos sem o entendimento deixa de fazer parte das nossas vidas, ou seja, deixa de ser desfrutado. Ainda que tenhamos um determinado aparelho eletrônico, se não entendermos como ele funciona e não nos interessarmos por aprender, ele será abandonado e não viveremos os benefícios de tê-lo.

Não é à toa, portanto, que compreensão era um assunto tão importante para Jesus. Veja:

E, chamando outra vez a multidão, disse-lhes: Ouvi-me vós, todos, e compreendei. (Marcos 7.14)

Como não compreendestes que não vos falei a respeito do páo, mas que vos guardásseis do fermento dos fariseus e saduceus? (Mateus 16.11)

Ele, porém, voltando-se, disse a Pedro: Para trás de mim, Satanás, que me serves de escândalo; porque não compreendes as coisas que são de Deus, mas só as que são dos homens. (Mateus 16.23)

Esses versículos nos revelam claramente que Jesus não queria que os Seus seguidores apenas O ouvissem. Antes, os exortava a compreender o que Ele dizia. Cristo se assustou ao perceber que os discípulos ainda não haviam compreendido o assunto do fermento – pois já havia sido mencionado. O Mestre declara que Satanás ouve a respeito das coisas de Deus, mas é incapaz de compreendê-las. A incompreensão é o território do Diabo. Jesus exortava os Seus seguidores a compreender e os repreendia quando demoravam a entender, porque não queria que eles permanecessem no mesmo nível que Satanás. E é isso o que Ele faz conosco hoje também.

Entretanto, infelizmente, a nossa geração ouve muito sobre o sacrifício de Jesus, mas até que ponto será que ela realmente compreende? Sabemos do Céu e do inferno, no entanto, será que entendemos a profundidade dessas realidades eternas? Estamos cheios de informação, mas falta revelação. Somos a geração do fácil acesso ao conhecimento, porém isso tem nos tornado superficiais.

Então, assim como Daniel, precisamos aplicar o nosso coração a compreender a Palavra de Deus:

> Então me disse: Não temas, Daniel, porque desde o primeiro dia em que aplicaste o teu coração a compreender e a humilhar-te perante o teu Deus, são ouvidas as tuas palavras; e eu vim por causa das tuas palavras. (Daniel 10.12)

Compreensão demanda dedicação, reflexão e compromisso. Precisamos ouvir a Palavra de Deus e meditar sobre a mensagem até que nossas palavras e o nosso comportamento reflitam com coerência o que aprendemos. É necessário deixar a preguiça de lado, estudar e meditar na Palavra de Deus. Se você não entendeu a mensagem, não jogue fora. Busque se interessar por ela, pergunte ao seu pastor, ore a respeito. Sua compreensão será a base de sua frutificação.

Marcos, em seu evangelho, destaca que a boa terra é aquela que recebe. Uma vez que compreendemos a verdade, precisamos aceitá-la como verdade. Acima do que a sociedade diz, do que sentimos, do que nossos pais falaram, a Palavra de Deus precisa ser tomada como verdade absoluta. A semente divina produzirá fé somente para aquele que aceitar a Palavra como mais autêntica fonte da verdade do que qualquer circunstância ruim à sua volta.

A Verdade só se manifesta como tal quando ela é real para você. A Bíblia é verdadeira, mas ela só transformará a sua vida quando você aceitar a veracidade dela. O nosso Deus é o salvador, porém Ele só te salvou quando você aceitou isso como verdade. Deus é aquele que provê, contudo, somente quando essa verdade for acolhida em seu coração é que você verá a provisão. Homens conhecedores da verdade só experimentam os seus frutos se a recebem como ela realmente é. Aqueles que veem a Bíblia como fábula podem até decorar os seus versos, mas nunca colherão os seus frutos.

Dessa forma, após ouvirmos e compreendermos, precisamos receber a semente como verdade. Porém, ainda resta outro passo a ser dado. O evangelista Lucas acrescenta que a boa terra é aquela que ouve e retém. No original grego, a palavra "reter" significa "manter amarrado, não deixar ir, conter, fixar a palavra ouvida em seu espírito"[3]. Diante das adversidades, precisamos guardar a Palavra no coração. Quanto mais um objeto é valioso, mais ele será protegido com cuidado.

Você já viu raios infravermelhos, seguranças armados e combinações de cofres para guardar um prendedor de roupas que custa trinta centavos? É claro que não, porque esses pregadores ficam expostos

---

[3] STRONG, James. **Léxico Hebraico, Aramaico e Grego de Strong**. In app Olive Tree, Bible Study.

no quintal, são perdidos e as donas de casa nem se importam. O que não é valioso não é protegido.

E Paulo entendeu bem essa verdade. "Combati o bom combate, acabei a carreira, guardei a fé." (2 Timóteo 4.7). O apóstolo foi criticado, perseguido, açoitado, perdeu recursos e até a sua própria liberdade. Ele sofreu pressões externas e internas, mas não perdeu a fé. Isso, porque Paulo se dedicou a proteger o que era mais precioso para ele. Para reter a Palavra, você precisa valorizá-la. Pense um pouco: a Palavra criou o universo, esteve na boca de Abraão e Isaías, fez o Mar Vermelho se abrir para Moisés, encarnou em Jesus Cristo e agora está não apenas em um livro, mas dentro do seu coração. O que você possui é tão valioso que compensa empregar todo o seu esforço para protegê-lo. Quem guarda a Palavra será guardado por ela.

FONTES DE FÉ

Quando entendemos que a Palavra de Deus gera fé, precisamos, de maneira automática, ter uma atitude de busca consciente e proativa por essa fonte de fé. Afinal, não receberemos fé só exercitando-a. Muitas pessoas se confundem por não saberem diferenciar estes dois processos: a captação e o exercício.

Quando entregamos nossas ofertas, jejuamos e praticamos boas ações, nós estamos exercitando a fé, e não recebendo-a. O exercício faz com que você fortaleça a sua fé através da obediência à verdade. Isso te ajuda a dar firmeza à fé que você recebeu. Entretanto, a fé só cresce quando ouvimos a Palavra de Deus. Se você está com uma pequena fé e quer desenvolvê-la, o segredo está em se abastecer da Verdade. Por mais simples e óbvio que pareça, pessoas que reclamam que estão sem fé geralmente pararam de ler a Bíblia. Não basta lê-la uma vez por semana, assim como não é suficiente almoçar uma vez por mês. Jesus chamou a Palavra do Pai de pão para nos revelar a importância de nos alimentarmos constantemente das Escrituras.

O problema é que a nossa geração dedica horas demais para internet, redes sociais, televisão e qualquer outra atividade não relevante, e, ainda assim, espera um dia se tornar como os heróis da fé. O contato diário com a Bíblia e com bons livros que nos alimentam é fundamental para crescermos em fé. Se a fé vem pela Palavra, a incredulidade vem pela falta dela. Há tantas vozes no mundo buscando gerar, a todo momento, convicções mundanas e malignas em nosso coração que, se não nos dedicarmos diariamente a receber da boa semente, nosso coração se tornará uma terrível plantação de espinhos.

Dentro disso, vale lembrar também que Deus tem enviado pregadores para proclamar a Palavra e gerar fé nos homens. "Eu (Paulo) plantei, Apolo regou, Deus deu o crescimento." (1 Coríntios 3.6 – acréscimo dos autores). Entretanto, alguns focam tanto na última parte, a respeito do crescimento ter origem divina, que se recusam a ouvir os homens. É interessante repararmos que Deus só dá o crescimento àquilo que os "Paulos" e "Apolos" plantaram e regaram. Então, é muito importante que você se dedique também a ouvir bons pregadores e se submeta a pastores e líderes que fomentem a fé em seu coração. O ambiente da igreja é também o ambiente do crescimento na fé.

Muitos que têm ensinado sobre a fé afirmam que ela só vem pela leitura ou exposição da Bíblia. Eles dizem que a oração é apenas um exercício da fé. Todavia, esse tipo de pensamento revela um conceito muito limitado sobre o que é a oração. Não é apenas falar com Deus, pois Ele também pode falar conosco. Muitas vezes, em nossos momentos de oração, ficamos só falando e não ouvimos nada da parte do Senhor. Mas, se estivermos dispostos a ouvir, Deus pode e quer falar. Alguns momentos de oração podem, inclusive, ser como diálogos, como uma conversa entre amigos.

Quando só falamos e não ouvimos nada de Deus, estamos apenas exercitando a nossa fé. Contudo, quando, em oração, Deus fala ao nosso coração, a fé é gerada, pois ela vem pela Palavra de Deus. O Pai da fé não tinha Bíblia e nem pregadores que anunciassem a ele a Palavra de Deus, mas ouviu ao Senhor e creu. Talvez esse tipo de fé possa ser considerada um dos mais poderosos. Quando, em nosso secreto, ouvimos a Palavra do Espírito Santo, uma fé forte e genuína é gerada para viver o sobrenatural.

Moisés não leu um livro, mas ouviu: "Marche!", e o Mar Vermelho se abriu. Samuel ouviu uma voz e se tornou profeta. Pedro ouviu: "Vem!", e andou sobre as águas. Se você quer crescer em fé, invista em seu tempo de oração. Deus pode falar com você e produzir uma fé capaz de realizar o impossível!

Fé é fruto de relacionamento, não uma fórmula. Não podemos ser papagaios da fé, que repetem versículos como se fossem receitas mágicas. Hoje em dia, nos deparamos com pessoas tão superficiais a ponto de apenas reproduzirem a pregação dos outros e se submeterem a viver experiências alheias, esquecendo-se de que o acesso ao Pai é livre a todos e a jornada deve ser íntima e pessoal. A Bíblia é a Palavra de Deus, e quando nos dedicamos à oração e à leitura das Escrituras, Deus traz vida às verdades escritas em nosso interior. É assim que homens de fé são construídos. Por incrível que pareça, seu milagre começa pelos ouvidos.

Parte II

VIDA PELA FÉ

Capítulo 3

O GRITO DO SILÊNCIO

O egoísmo calado pela voz da generosidade

O Brasil é o terceiro país do mundo que mais acredita em Deus. Em uma pesquisa feita pelo instituto Ipsos, para a agência de notícias Reuters, ficamos atrás apenas da Indonésia e Turquia[1]. Cerca de 84% dos brasileiros creem em Deus ou em um ser supremo. Porém, embora este dado seja animador, ele também é muito preocupante. Afinal, muitas dessas pessoas dizem ter fé, mas não vivem de acordo com suas crenças. Usam a fé apenas como proteção ou amuleto, não como compromisso de integridade. Galho de arruda, pé de coelho, terço, bíblia aberta no Salmo 91... Tudo isso é feito para proteger do mal ou para invocar a bênção.

---

[1] **Brasil é o 3º país onde mais se crê em Deus.** G1. *http://g1.globo.com/mundo/noticia/2011/04/brasil-e-3o-pais-onde-mais-se-cre-em-deus-em-pesquisa.html*. Acesso em maio de 2019.

Nesta mentalidade, não há espaço para obediência, renúncia ou compromisso.

Hoje, a fé tem sido frequentemente estudada e analisada, porém pouco praticada. Pessoas que dizem ter fé maltratam os seus cônjuges. Teólogos renomados não amam os seus próprios filhos. Grandes pregadores deixam de servir o Corpo de Cristo por ganância. Este tipo de fé, desprovida de atitudes coerentes, não é exclusividade nossa. Também podemos encontrá-la em abundância em um lugar chamado inferno. Tiago nos diz: "Você crê que existe um só Deus? Muito bem! Até mesmo os demônios creem – e tremem!" (Tiago 2.19 - NVI).

Se o Ipsos fizesse uma pesquisa no inferno sobre quantos demônios creem em Deus, a resposta seria 100%. Contudo, a fé dos demônios é morta e inoperante. Eles acreditam, mas não andam à altura do que creem. Sabem a verdade, porém não obedecem. Têm fé, todavia nunca demonstraram amor por ninguém. É duro dizer, mas muitas pessoas no Brasil têm uma fé demoníaca.

Como vimos, o capítulo 11 do livro de Hebreus é o que aborda com mais profundidade sobre o assunto fé. Entretanto, ainda assim, o autor da epístola decide escrever apenas um versículo no capítulo 11 para definir fé e mais de trinta versículos apresentando pessoas que viveram pela fé. Isso quer dizer que o mais completo e profundo texto sobre fé em toda a Bíblia preferiu os exemplos práticos ao invés da teoria.

A fé, conforme Hebreus nos revela, não é um amuleto, uma varinha mágica ou pensamento positivo, mas um estilo de vida. Em outras palavras, ela é, e precisa ser manifesta no dia a dia e não de vez em quando.

Por isso, baseado no livro de Hebreus, a partir de agora, caminharemos pela vida de grandes heróis da fé, nos aprofundando nos princípios a respeito desse tema. Todos eles, homens e mulheres, foram pessoas como nós, mas que se tornaram grandes porque decidiram viver uma jornada de fé genuína, que culminou no impacto de gerações. Esses relatos reais foram tomados pelo autor não apenas como inspiração, mas como definições claras e práticas do que significa fé.

OFERTA EXCELENTE

O primeiro nome da famosa lista do escritor de Hebreus é interessante. Não é Abraão, o pai da fé. Nem Moisés, o grande libertador de Israel. Nem o patriarca Jacó. O primeiro personagem que nos ensina a viver pela fé não possui um mísero versículo que contenha algo que ele disse. Isso mesmo, o primeiro herói da fé não é conhecido pelo que falou. É curioso, porque fariseus, ímpios e até a mula de Balaão têm falas registradas nas Escrituras. Mas esse personagem não, ele possui um silêncio eloquente.

Pela fé, Abel ofereceu a Deus mais excelente sacrifício do que Caim; pelo qual obteve testemunho de ser justo, tendo a aprovação de Deus quanto às suas ofertas. Por meio dela, também mesmo depois de morto, ainda fala. (Hebreus 11.4 - ARA)

Pelas páginas deste livro, o silêncio de Abel está gritando. Sua voz ecoa e nos diz que fé não é apenas o que dizemos, mas o que fazemos. Tantos gritam para anunciar uma fé que não está presente nas ações. Publicam frases no mundo virtual, mas não a vivem no mundo real. Eloquentes em palavras, silenciosos em ações.

Na contramão dessa realidade, a Bíblia faz questão de registrar silêncios que falam. A mudez de Maria enquanto Marta falava mal dela, o silêncio da mulher do vaso de alabastro enquanto muitos a criticavam, o silêncio do povo de Israel ao rodear as muralhas de Jericó. Quando caminhamos em obediência à Palavra e em silêncio, Deus nos defende das "Martas" que nos ofendem, eterniza a oferta valiosa que damos e destrói muralhas que não podemos romper. Obedecer em silêncio é, muitas vezes, o caminho da fé.

O exemplo de Abel também é muito interessante porque ele se destaca não por algo que recebeu, mas pelo que ofereceu. Quando se trata de fé, a mentalidade brasileira só pensa naquilo que pode obter de Deus. Achamos que homens de fé são aqueles que adquirem muitos bens, são bem-sucedidos e descobriram o segredo para conseguir o que querem de Deus. Até mesmo o patriarca Abraão, que veremos adiante, é mais conhecido por ser aquele que recebeu Isaque do que por aquele que deu Isaque. Abraão deixou sua terra natal, sua parentela, largou Ló, manteve-se fiel, renunciou a Isaque. Contudo, alguns só se lembram que ele teve fé para receber Isaque!

A fé doadora de Abel confronta algo muito sério na natureza humana: o egoísmo. Essa característica é um amor exagerado aos próprios interesses a despeito dos de outrem. É triste perceber que até mesmo a fé, que deveria apontar para Deus, pode ser instrumento para enaltecer o próprio homem. Tantas pessoas ofertam apenas pensando em receber, ajudam o seu pastor pensando no benefício que poderão ganhar e usam a Bíblia apenas para cumprir os seus desejos egoístas.

Por causa do egoísmo, orações cheias de fé podem estar vazias de poder. "Quando pedem, não recebem, pois pedem por motivos errados, para gastar em seus prazeres." (Tiago 4.3 - NVI). Isso nos ensina que uma fé focada em dar será poderosa até mesmo para receber o que Deus tem para nós.

Ana é um excelente exemplo de alguém que recebeu algo de Deus quando seu coração se afastou do desejo egoísta. Nos primeiros relatos a respeito de Ana, ela é apresentada como uma mulher que deseja ter um filho apenas para se livrar de sua vergonha e se vingar de Penina. Porém, um dia, o seu pedido deixa de ser simplesmente: "Dá-me um filho", e passa a se tornar um clamor a Deus por graça para que ela fosse capaz de Lhe ofertar um filho.

> E fez um voto, dizendo: "Ó Senhor dos Exércitos, se tu deres atenção à humilhação de tua serva, te lembrares de mim e não te esqueceres de tua serva, mas lhe deres um filho, então eu o dedicarei ao Senhor por todos os dias de sua vida, e o seu cabelo e a sua barba nunca serão cortados."
> (1Samuel 1.11 - NVI)

Deus não tem problema em nos dar coisas, desde que o nosso coração não esteja nelas. Filhos, casas, carros, ministérios... Tudo isso pode ser pedido a Deus. E não há pecado nenhum nisso. Inclusive, mais adiante, abordaremos mais sobre essa fé para receber. A questão é que quando um egoísta é atendido em seu pedido, ele, automaticamente, se sente endossado em suas atitudes, o que significa que o seu comportamento e foco estarão cada vez mais voltados para si mesmo. Assim, aos poucos, ele se interessará cada vez menos em saber o que Deus quer dele, porque o seu foco estará sempre no que ele quer de Deus. Atender aos pedidos de um egoísta é aprovar o seu egoísmo.

Além de atrapalhar a vida de oração, o egoísmo torna inviável a vida em sociedade. Na verdade, se o ser humano não cedesse às suas vontades, não teríamos leis, e mesmo o mínimo de convivência seria impossível. Todos os pecados têm uma raiz de egoísmo por trás. Quem rouba não pensa no prejuízo do outro, mas no lucro que terá. O adúltero não considera a dor da esposa, somente imagina o prazer que terá com a amante. O fofoqueiro não pensa na dor do difamado, apenas no entusiasmo de contar as novidades. Se a fé não tratar a raiz do egoísmo, o pecado terá fundamento para continuar. Até mesmo a obediência poderá vir carregada com a mentalidade egoísta de "o que eu ganho com isso?". Timothy Keller, em seu livro *O Deus Pródigo*, conta uma história fictícia, mas que ilustra bem essa ideia:

> Um dia, disse Jesus aos discípulos: "Gostaria que carregassem uma pedra por mim". Ele não deu qualquer explicação. Então, os discípulos procuraram pedras para carregar consigo; Pedro, prático como era, procurou pela menor pedra que pudesse encontrar. Afinal, Jesus não havia dito nada sobre tamanho e peso! Assim, colocou uma pedra no bolso. Jesus então disse: "Sigam-me." E eles deram início a uma caminhada. Por volta do meio-dia, Jesus pediu que todos se sentassem. Fez um meneio com as mãos e todas as pedras se transformaram em pão. Então, disse: "É hora de comer." Em poucos segundos, a comida de Pedro havia acabado. Terminada a refeição, Jesus pediu que todos se levantassem. Tornou a dizer: "Gostaria que carregassem uma pedra por mim." Desta vez, Pedro pensou: "Aha! Agora entendo!" Olhou em volta e viu uma grande pedra. Suspendeu a pedra sobre seus ombros, e era tão pesada que o deixou cambaleante. Mas pensava: "Mal posso esperar pelo jantar." Então, Jesus disse: "Sigam-me." E eles deram início a outra caminhada, e Pedro mal conseguia acompanhar o grupo. Por volta do horário do jantar, Jesus os conduziu para a margem de um rio. Disse: "Agora, quero que todos joguem

as pedras na água." E assim foi feito. Pedro olhou para Jesus com um olhar de reprovação. Jesus suspirou, e disse: "Não se lembram do que eu pedi que fizessem? Que carregassem a pedra por mim. Por quem vocês carregaram as pedras?" (KELLER, 2008)[2]

A fé doadora busca exclusivamente agradar a Deus sem pensar no que pode ganhar com isso. Abel não demonstrou ter segundas intenções quando ofertou. Ao que tudo indica, ele apenas desejava agradar a Deus. Para um Deus que enxerga o que se passa dentro dos nossos corações, a motivação por trás da oferta é muito importante: "porque Deus ama ao que dá com alegria" (2 Coríntios 9.7b).

Além disso, a Bíblia nos diz que a oferta de Abel foi mais excelente do que a de Caim. A motivação é importante, mas a execução também. Precisamos buscar um coração doador, porém não podemos parar por aí. Devemos nos esforçar para sermos ofertantes excelentes. Entretanto, é importante lembrar que o nível da excelência sempre despertará a inveja e a crítica dos medíocres. Para todo Abel, sempre haverá um Caim. Isso acontece porque a fé de um revela a incredulidade do outro, assim como o fogo destaca a frieza, e a generosidade ressalta o egoísmo. Quem está vivendo na incredulidade, frieza ou egoísmo não

---

[2] KELLER, Timothy. **Deus Pródigo**. 2008, p.76, 77. São Paulo-SP: Vida Nova.

costuma ter a humildade de se arrepender. Antes, prefere silenciar aquele que está trazendo o seu pior à tona. Esta, aliás, é a razão de muitos não desejarem ser Abel: têm medo dos "Cains". Não querem estar em evidência, temendo as críticas, por isso se afastam de posições de liderança, receando perseguição. Quem faz isso parece não perceber que, assim, está tirando a fé do Deus invisível, crendo mais nas ameaças humanas do que no Senhor que merece a oferta.

Porém, pela graça de Deus, existe cura para a fé contaminada com o egoísmo, pecado que está por trás de outros, afeta a motivação da obediência e nos faz matar o outro, em vez de aprender com ele. O segredo é colocar a fé na pessoa de Jesus Cristo. Ele deixou a Sua glória não porque precisava de algo da Terra, mas porque a Terra precisava de algo d'Ele. Jesus curou a pobres que nada lhe deram de volta. Ele poderia iniciar o exemplo de oração com "Meu Pai", pois era o Filho Unigênito, mas, ao invés disso, nos ensinou a orar "Pai Nosso", convidando-nos a compartilhar da paternidade divina.

Embora a fé de Jesus tenha produzido incríveis e incontáveis milagres, o Seu ápice não ocorreu nos momentos em que Ele foi admirado por multidões. O ponto mais alto da Sua fé não O levou a um palácio, mas a uma cruz. O maior homem de fé que pisou nesta Terra mostrou Sua crença de forma plena ao se entregar em obediência ao Pai. Porque a fé verdadeira não está no que você pode receber, mas no que você pode dar.

Capítulo 4
O MAIOR PRESENTE

Arrebatando o coração de Deus para ser arrebatado

Uma das coisas mais certas e inevitáveis da vida é a morte. Saímos de dentro da barriga de nossas mães, vivemos nosso curto período de vida aqui na Terra e, em determinado momento, que pode ser cedo ou não, vamos direto para dentro de um caixão. Em todos os países, épocas, independentemente da nossa cultura, da vida que levamos, da nossa cor, idade ou condição social, todos temos a certeza de que um dia morreremos. Bom, quero dizer, quase todos. Enoque discordaria de nossas convicções. Ele foi o primeiro homem na Terra a não experimentar a morte (Hebreus 11.5). O pai de Matusalém e avô de Noé foi arrebatado.

Para descrever a experiência de Enoque, as traduções em português do texto de Hebreus usam os verbos "transladar" ou "arrebatar". Contudo, a descrição de Gênesis é a que deixa mais clara a essência do que ocorreu: "E andou Enoque com Deus; e não apareceu mais, porquanto Deus para si o tomou." (Gênesis 5.24). O termo "tomou", em hebraico, indica "pegar, adquirir, trazer; tomar esposa, casar, pegar na mão; tomar e levar embora, selecionar, capturar"[1].

O que aconteceu, portanto, foi que Deus, pegando Enoque na Terra, levou-o para o Céu. Ele adquiriu esse homem como Seu bem pessoal. Deus o selecionou como quem escolhe, dentre tantos outros, uma companhia para si. O Senhor não escolheu Enoque e o levou embora apenas para que ele pudesse passear pelas ruas de ouro ou ver os anjos, mas sim o tomou para Si mesmo. Pegou em sua mão de forma tão intensa que nunca mais soltou. É como se Deus não tivesse aguentado esperar a morte desse homem para tê-lo mais perto. No fim das contas, Enoque viveu aqui na Terra apenas um terço da expectativa de vida em sua época. Ao que tudo indica, esse homem arrebatou o coração de Deus de tal forma que fez com que o Eterno ficasse com pressa.

Uma pergunta, então, nos ocorre: o que Enoque fez para agradar a Deus dessa forma? "E andou Enoque com Deus, depois que gerou a Matusalém, trezentos anos, e gerou filhos e filhas." (Gênesis 5.22). "Pela fé,

---

[1] STRONG, James. **Léxico Hebraico, Aramaico e Grego de Strong**. In app Olive Tree, Bible Study.

Enoque foi trasladado para não ver a morte, e não foi achado, porque Deus o trasladara; visto como antes da sua trasladação alcançou testemunho de que agradara a Deus." (Hebreus 11.5 - ARA). Em sua curta biografia, a ênfase de sua história se resume em: andar com Deus e crer.

Pela fé, Enoque andou com Deus. Andar é uma das coisas mais naturais ao ser humano. Andamos no trabalho, em casa, na escola, nas ruas, seja onde for. Esta é uma tarefa constante e habitual, o que indica que Enoque não tinha comunhão com Deus de vez em quando, mas de forma regular e contínua. Em um momento na história onde os homens decidiram afastar os seus pés dos caminhos de Deus, Enoque decidiu sincronizar seus passos com o ritmo divino.

A comunhão de Enoque com Deus não era esporádica e também não estava confinada a templos ou cômodos de uma casa. Sua vida de oração não estava presa a uma montanha ou a um tabernáculo. Ele andava com Deus, ou seja, tinha comunhão com Ele por onde fosse. A fé em Deus precisa nos levar a termos consciência da Sua presença e a interagir com ela onde quer que estejamos. Hoje em dia, até entre aqueles que praticam com regularidade a disciplina espiritual da oração, parece haver um tempo reservado na agenda para estar com Deus. A pessoa se fecha no quarto para orar, mas, assim que chega a palavra "amém", a oração é encerrada e a pessoa para de ter comunhão com o Pai.

Quem disse que a oração tem que ser encerrada? Quem disse que Deus deve ser deixado dentro do quarto ou no culto de domingo à noite?

De fato, a Bíblia nos ensina a orar em secreto, dentro do nosso quarto (Mateus 6.6). Entretanto, ela também nos instrui a orar "sem cessar" (1 Tessalonicenses 5.17). Uma das maiores tragédias da nossa geração é confinar os momentos de comunhão apenas a cultos ou reuniões de adoração. "Enoques" não fazem um culto, eles vivem em culto. Deus não chamou Adão a ir a uma reunião ou a se ajoelhar diante d'Ele. O que acontecia no Jardim era que o Homem andava com Deus. O Senhor quer muito mais do que um momento ou um ritual religioso, Ele quer uma vida de comunhão.

Um exemplo disso é que diante do altar, o noivo e a noiva estão dizendo "sim" um para o outro. Eles não dizem "sim" para uma certidão de casamento, para mudar seus nomes, para colocar um anel no dedo ou para mudar o status de solteiro para casado. Em um casamento, o principal acontecimento é dizer "sim" para uma pessoa. Acordar, comer, viajar, chorar, sorrir. A partir daquele momento, tudo será feito com a pessoa escolhida. No altar de uma igreja, ao receber Jesus como nosso Senhor e Salvador, não dissemos "sim" para nos tornarmos evangélicos, para carregar uma Bíblia debaixo do braço ou para ter uma carteira de membro. O nosso "sim" foi para uma pessoa que estará conosco todos os dias até a consumação dos séculos.

Homens e mulheres de fé reconhecem o Senhor em todos os seus caminhos. Eles têm comunhão no trabalho, lavando louça, mergulhando na praia, jantando com a família. Independentemente do cenário, pessoas de fé sempre andam com Deus. Para ter uma vida de oração assim, é necessária a fé. Falamos com um Deus que não vemos e nem sempre iremos sentir. Mas, em oração, nos aproximamos desse Deus invisível.

Oração é uma prática espiritual presente no Jardim do Éden e na Nova Jerusalém. É a disciplina espiritual mais antiga que existe. Antes do jejum e da leitura bíblica, a oração já fazia parte da vida do homem. Adão não tinha um livro para ler, tinha um Deus para conhecer. Isso significa que, até mesmo enquanto lemos a Bíblia, jejuamos ou servimos (e, de fato, devemos fazer tudo isso), nosso propósito deve ser andar com Ele no jardim da oração:

> Clame a mim e eu responderei... (Jeremias 33.3a – NVI)

> Então ele disse: Rogo-te que me mostres a tua glória. (Êxodo 33.18)

> Orou outra vez, e o céu enviou chuva, e a terra produziu os seus frutos. (Tiago 5.18 – NVI)

Respostas precisam de um clamor, afinal de contas, a revelação só vem depois da busca. A chuva sobrenatural está apenas aguardando uma oração. Até mesmo a transformação pessoal passa pelo terreno dessa prática. É através da comunhão gerada em oração, no caminhar com Deus, que somos transformados por Ele.

Podemos até não ser arrebatados, mas se vivermos como Enoque, andando com Deus, experimentaremos o Céu enquanto ainda estivermos aqui na Terra. E quando nos referimos ao Céu, precisamos nos lembrar que o mais importante lá não são as ruas de ouro nem mesmo o trono, mas Aquele que se assenta sobre o trono. Quanto mais desfrutamos do contato com o Céu, mais Ele deixará as suas marcas em nós. Embora tenhamos erros, à medida que nós reconhecemos o Senhor em todos os nossos caminhos, Ele endireitará os nossos passos (Provérbios 3.6).

Por isso, não podemos permitir que os erros que cometemos atrapalhem a nossa comunhão com Deus. Quando erramos, sentimos culpa. Quando estamos culpados, sentimos medo e, temerosos, tendemos a nos afastar de Deus. Por essa razão, precisamos do antídoto da fé para mantermos a comunhão. A fé nos aproxima de Deus, e Enoque sabia bem disso:

> Pela fé Enoque foi trasladado para não ver a morte, e não foi achado, porque Deus o trasladara; visto como antes da sua trasladação alcançou testemunho de que agradara a Deus. Ora, sem fé é impossível agradar-lhe; porque é necessário que aquele que se aproxima de Deus creia que ele existe, e que é galardoador dos que o buscam. (Hebreus 11.5-6)

Enoque andava com Deus e se aproximava d'Ele crendo em sua existência e no fato de ser galardoador, por isso ele agradou ao Senhor. Perceba que a fé nos leva à aproximação. É evidente que, com isso, fica implícita a ideia do distanciamento prévio. Afinal, eu só preciso me aproximar de algo se estou distante. Isso nos diz que a fé começa com o reconhecimento da distância. Por causa de nossos erros, nos afastamos de Deus. Havia um abismo entre nós e Ele que era humanamente impossível de ser atravessado. Isso persistiu até que Deus enviou Jesus Cristo a nós. Ele, através de Sua morte e ressurreição, perdoou os nossos pecados e construiu um caminho pelo qual podemos nos aproximar de Deus.

A fé, portanto, não apenas reconhece a distância, mas tem a ousadia de se aproximar sabendo que Deus é real e está pronto para nos receber. Se apenas reconhecermos a distância, mas não tivermos fé para nos aproximar, nos sentiremos inferiores e desanimados. A fé real nos chama à proximidade. Uma vez próximos, somos inundados de convicção e, assim, queremos nos aproximar ainda mais. Um ciclo está formado. Porém, tome cuidado, pois o inverso também é verdade. Quanto mais distantes, menos convicção e, assim, mais distância.

Muitos dizem acreditar na existência divina, mas têm dificuldade de crer na intervenção do Céu na Terra. Creem que Deus é Senhor, mas pensam que não fará nada para mudar o seu desânimo. Acreditam que Deus criou os céus e a Terra, porém não imaginam que intervirá em sua vida familiar. Sabem que Ele é poderoso, mas acham que não se interessa em curar as nossas enfermidades. Ou seja, creem que Deus existe, entretanto não percebem que Ele é galardoador dos que o buscam. A expressão "galardoador" significa presenteador. O sufixo "-or" indica algo que alguém faz habitualmente. Um cantor vive cantando. Um pintor ganha a vida pintando. Um ator não interpreta só de vez em quando. Em outras palavras, Deus é presenteador, o que quer dizer que está em Sua natureza presentear quem o busca. Faz parte de Sua essência intervir na Terra em favor dos que clamam.

Para Enoque, o presente não foram bens, milagres ou realizações. Ele ganhou a maior recompensa que um homem poderia receber: o próprio Deus. E o Senhor nem mesmo esperou a sua morte para Se dar como presente. Pessoas de fé não serão destruídas pela morte, mas promovidas e arrebatadas pela presença do Autor da Vida, seja ao fim de suas jornadas ou até mesmo antes.

Capítulo 5

A PREVISÃO DIVINA

Preparando-se para um dilúvio de promessas

Depois de tantas lutas e desafios dentro do casamento, Mateus e Ana estavam se preparando para comemorar seus dez anos de casamento na praia de Jericoacoara. Felizes pela comemoração e pelo tempo de descanso, eles começaram a fazer as malas. Biquíni, sunga, protetor solar, bermudas, bonés... Eles separaram tudo o que precisavam levar para um local com sol e muito calor. Porém, enquanto se organizavam, ligaram a televisão e o noticiário avisava que haveria uma tempestade em toda a região de Jericoacoara. Surgiu um dilema: acreditar ou não na notícia? Afinal, se decidissem acreditar, precisariam incluir na mala um guarda-chuva, casacos e uma boa seleção de séries para assistir. O que acreditamos a respeito do futuro determina como nos preparamos no presente.

> Pela fé Noé, divinamente avisado das coisas que ainda não se viam, temeu e, para salvação da sua família, preparou a arca, pela qual condenou o mundo, e foi feito herdeiro da justiça que é segundo a fé. (Hebreus 11.7)

Pouco antes de Noé iniciar a construção da arca, Deus lhe avisou que choveria muito no futuro, e que ele deveria preparar uma grande embarcação para não morrer durante aquele dilúvio. Sua fé no que Deus havia lhe contado sobre o que ia acontecer levou-o a construir a arca. Nosso preparo revela a nossa fé. Afinal, quem não se prepara para o futuro que Deus revelou, não acredita no que Ele disse.

Nosso Deus é onisciente, Ele conhece o passado, o presente e o futuro. Por diversas vezes nas Escrituras, o futuro foi anunciado antes que acontecesse. O filho de Abraão, o sonho de José, a libertação do povo de Israel do Egito, a vinda do Messias. Esses são apenas alguns dos muitos exemplos daquilo que Deus disse antes que acontecesse. Dezessete livros do Antigo Testamento são proféticos e, em seu conteúdo, possuem elementos que falam do amanhã. O profeta Isaías, por exemplo, declara este caráter onisciente de Deus:

> Lembrai-vos das coisas passadas desde a antiguidade; que eu sou Deus, e não há outro Deus, não há outro semelhante a mim. Que anuncio o fim desde o princípio, e desde a antiguidade as coisas que ainda não sucederam...
> (Isaías 46.9-10a)

> As primeiras coisas desde a antiguidade as anunciei; da minha boca saíram, e eu as fiz ouvir; apressuradamente as fiz, e aconteceram. [...] Por isso te anunciei desde então, e te fiz ouvir antes que acontecesse, para que não dissesses: O meu ídolo fez estas coisas, e a minha imagem de escultura, e a minha imagem de fundição as mandou. (Isaías 48.3-5)

O pleno conhecimento do futuro e, consequentemente, a capacidade de anunciá-lo, pertence exclusivamente a Deus. Nenhum homem, tampouco Satanás e seus demônios, possuem esse conhecimento. É por isso que, quando o Diabo age para atrapalhar os planos de Deus, acaba contribuindo para que o projeto se cumpra. Satanás entrou no coração de Judas para que ele traísse Jesus. Para o inimigo, a prisão e morte de Jesus seriam o fim do projeto de Deus. Mas, como sabemos, a morte que o Diabo promoveu foi a sua própria derrota. Jesus não apenas ressuscitou, como também libertou, por meio de Sua morte e ressurreição, milhões que estavam presos pelo império das trevas. Portanto, descanse, o que parece a sua morte será a sua ressurreição.

Deus é soberano, conhece o futuro, e nem mesmo Satanás é capaz de impedir o agir divino. Por que, então, não iríamos acreditar no que Ele está proclamando? Por que não prepararíamos a nossa arca se o Senhor está dizendo que irá chover? Se Deus te chamou para ser pastor, por que você não está se preparando em um seminário? Se Ele disse que te enviará para a Inglaterra, por que você ainda não está estudando inglês? Se Ele te chamou para viver em prosperidade, por que você não está equilibrando as suas finanças?

Conhecemos muitas pessoas que ouviram promessas de Deus, mas estão procrastinando preparativos como esses. Deixam para amanhã, como quem diz: "Não irá acontecer". Estão esperando as primeiras gotas do dilúvio para começarem a preparar a arca. Quando alguém não se prepara para viver o que Deus revelou, é surpreendido por algo que já sabia que iria acontecer.

A revelação precisa desencadear o preparo. Se Noé não preparasse a arca, ele morreria junto com a sua geração. Isso é muito sério. Existem muitas pessoas morrendo quando poderiam viver. A diferença entre a vida e a morte está no preparo para viver aquilo que Deus falou.

No Getsêmani, Jesus alertou os despreparados discípulos, que estavam dormindo, a orarem e vigiarem para que não entrassem em tentação. Uma vez que eles não se prepararam adequadamente, ou seja, não se mantiveram acordados, vigilantes e em constante oração, aconteceu exatamente o que Mestre havia predito. Diante da prisão de Jesus, uns o negaram, outros se esconderam e a maioria fugiu. Se não nos prepararmos, acabaremos desonrando Aquele que nos chamou.

Por outro lado, com o preparo adequado seremos como Calebe. Ele foi eficaz e ousado, porque sabia que Deus havia confiado a ele aquelas terras:

> E agora eis que o Senhor me conservou em vida, como disse; quarenta e cinco anos são passados, desde que o Senhor falou esta palavra a Moisés, andando Israel ainda no deserto; e agora eis que hoje tenho já oitenta e cinco anos [...] Agora, pois, dá-me este monte de que o Senhor falou aquele dia...
> (Josué 14.10-12a)

Veja, ele estava preparado para tomar posse de uma palavra que Deus havia anunciado quarenta e cinco anos atrás. Calebe estava pronto, cheio de vigor e ousadia para adquirir a sua parte da herança. Andando em fé, sempre estaremos preparados para a oportunidade.

Dentro disso, vale lembrar que nem sempre o preparo demandará pouco tempo. Na verdade, na maior parte dos casos, o período de preparação demora. A arca de Noé levou cerca de cem anos para ficar pronta. Jesus levou trinta anos se preparando antes de exercer o Seu ministério. Os discípulos só se tornaram testemunhas depois de três anos de caminhada com Cristo e do Dia de Pentecostes em Jerusalém. Quem tem fé se prepara para o que Deus está falando, não importa quanto tempo leve.

Uma vez que o preparo pode levar mais tempo do que gostaríamos, nesse estágio, é necessário exercitar a diligência e a perseverança. Muitos ficam eufóricos no início, mas, conforme o tempo passa, desanimam e se tornam relaxados. Imagine se Noé tivesse se desencorajado no meio caminho e construído a arca de forma descuidada! A chuva viria e haveria uma arca, mas a sua segurança estaria comprometida. Infelizmente, vemos muitas pessoas relaxarem em sua preparação e, quando a promessa chega, acabam não usufruindo como poderiam ou perdendo o que tanto esperaram.

Para não perder a promessa, a fé se prepara antecipadamente. A fé constrói a arca antes do dilúvio. Avisa que choverá quando o céu tem apenas uma nuvem do tamanho da mão de um homem. Marcha em direção ao mar antes de se abrir. Faz cinco mil homens se assentarem para um banquete tendo apenas cinco pães e dois peixes em suas mãos. A fé vive antes o que ainda virá.

Quando Deus fala conosco, a fé se apropria da Palavra como realidade e começa a agir de acordo. Tomamos a madeira da arca já sabendo que a chuva virá. O comportamento é afetado pela crença. Alguém pode dizer: "Não vai acontecer", "Você não tem condições" ou "Você não vê que o país está em crise?". Contudo, fé é a convicção de fatos que não vemos. Não enxergamos com os olhos físicos, mas em nosso coração já existe uma palavra de Deus.

A Bíblia diz que, antes do dilúvio, nunca havia chovido sobre a Terra. Imagine buscar estar pronto para algo que nunca ninguém viu! Talvez os seus olhos nunca tenham contemplado a situação para a qual você está se preparando. Todavia, escolha não desistir e confiar em Deus, porque Ele é especialista em preparações:

Mas, como está escrito: As coisas que o olho não viu, e o ouvido não ouviu, e não subiram ao coração do homem, são as que Deus **preparou** para os que o amam. (1 Coríntios 2.9 – grifo dos autores)

Deus nos chama para a preparação, pois já está pronto para fazer o sobrenatural em nossa vida. Precisamos nos lembrar disto: muitos não preparam a arca porque focam demais em suas próprias limitações. Olham para a sua incapacidade de fazer chover e, assim, desanimam de construir a embarcação. Porém, concentrados no que não podemos realizar – pois só o Senhor consegue – nos sentiremos insuficientes e deixaremos de lado o que Deus nos mandou fazer. Absorvidos pela tarefa impossível da chuva, muitos estão abandonando suas arcas. Não desista da preparação por se ver incapaz de produzir o milagre. O sobrenatural quem faz é o Senhor, cabe a nós apenas construirmos a nossa arca para vivermos o que Deus tem para nós. Vale a pena se preparar. Depois do dilúvio, todos os homens que não creram na mensagem de Noé morreram. Todavia, quando as águas do dilúvio abaixaram, toda a Terra pertencia a Noé. Quem se prepara terá uma herança muito maior do que imagina.

Capítulo 6

PISADAS ETERNAS

Quando a estrada tem as pisadas do pai da fé

Você já se perdeu alguma vez? Hoje, na era do *GPS* e dos aplicativos de *smartphone* que indicam o caminho, isso está cada vez menos comum. Mas você já deve ter passado por uma situação em que estava tão perdido ou inseguro a respeito de onde deveria ir, que teve que parar alguém na rua para pedir ajuda. Se já fez isso, sabe a importância dos pontos de referência: "Siga reto aqui até chegar no posto, depois vire à direita. Ao final da rua, passando uma praça, vire na terceira à esquerda."; "Fique de olho, porque logo em seguida uma placa dirá onde você deve entrar".

Quando estamos trilhando um caminho pela primeira vez, os pontos de referência são muito importantes para nos ajudar a chegar ao nosso destino. No caso da caminhada de fé, para nós, tudo é uma novidade, porém, apesar de constantemente conhecermos lugares aonde nunca tínhamos ido antes, outras pessoas já viajaram por essa estrada e deixaram marcos para nos orientar. E um deles é o nosso pai na fé, Abraão:

> E fosse pai da circuncisão, daqueles que não somente são da circuncisão, mas que também **andam nas pisadas daquela fé** que teve nosso pai Abraão, que tivera na incircuncisão. (Romanos 4.12 – grifo dos autores)

Antes de vermos a primeira pisada de fé de Abraão, precisamos entender que ele não nasceu em um berço de fé, tendo o Senhor como o Deus vivo. Josué, discursando ao povo de Israel, revela que: "[...] além do rio habitaram antigamente vossos pais, Terá, pai de Abraão e pai de Naor; e serviram a outros deuses." (Josué 24.2b). Abraão era um homem idólatra, que não conhecia o Senhor, quando, certa vez, ouviu a Sua voz.

Naquela época, não havia povo judeu, afinal de contas, Abraão ainda haveria de dar origem a esse povo. A lei mosaica também não existia, já que surgiu apenas quatrocentos anos mais tarde. Sem o povo de Deus, o livro da lei, e vivendo na idolatria, foi nesse contexto que Abraão ouviu a voz do Senhor. Sua grande fé não se originou de um "berço cristão", mas de ouvir e corresponder à voz divina. Você pode não ter nascido em um lar cristão, entretanto a sua fé pode ser grande como a de Abraão, se simplesmente ouvir e obedecer ao que Deus lhe diz. A respeito disso, a Palavra nos revela que:

> Pela fé Abraão, sendo chamado, obedeceu, indo para um lugar que havia de receber por herança; e saiu, sem saber para onde ia. (Hebreus 11.8)

A primeira pisada de fé de Abraão nos fala sobre ouvir e obedecer. A primeira coisa que Deus lhe disse foi: "Sai-te da tua terra, da tua parentela e da casa de teu pai, para a terra que eu te mostrarei." (Gênesis 12.1). Obedecer a voz de Deus significava, para Abraão, renunciar muito de sua antiga vida. A sua fé o levou a abrir mão, primeiramente, de sua terra, deixando para trás o seu lugar de origem, um ambiente seguro e confortável. Ele provavelmente conhecia Ur como a palma de suas mãos. Lá estavam todos os seus amigos de infância. Vários lugares daquela cidade narravam momentos marcantes de sua história. Mas ele precisou sair do lugar que lhe era familiar e caminhar para um local desconfortável. Aliás, Isaque, o filho prometido, não nasceu em Ur, porque promessas não nascem nas zonas de conforto.

Renunciar a um lugar seguro é necessário, pois temos facilidade de idolatrar a segurança e o conforto. Pensamos que, se algo de bom acontecerá conosco, será em um lugar assim. Contudo, quando estamos em um local inóspito e desconhecido, temos que acreditar que

Deus não depende da circunstância para operar a sua perfeita vontade. Na verdade, milagres não costumam respeitar a geografia, antes, eles a transformam. A manjedoura se tornou um lugar de presentes caríssimos. A fornalha, que serviria para a morte, transformou-se em um lugar de passeio para homens fiéis a Deus. O deserto se tornou manancial. A cova dos leões, lugar de descanso. Um túmulo de choro transformou-se em um marco da alegria da ressurreição. Homens de fé não dependem do lugar onde estão, mas do Deus que está com eles.

Em segundo lugar, Abraão teve de renunciar à sua parentela. Não bastava apenas um afastamento geográfico, era necessário deixar para trás as suas tradições familiares também. O propósito divino para Abraão era torná-lo originador de uma nação, pai de uma nova família. Não se escreve uma nova história dando continuidade a uma história velha. A influência idólatra da sua família teria que ceder lugar à adoração a um Deus único. Abraão não seria um mero influenciado, mas se tornaria um influenciador. Em vez de imitar as pisadas dos seus antepassados, ele marcaria a terra para que outros andassem nas suas.

Existem tradições que aprendemos em nosso círculo familiar e que também têm raiz nas Escrituras. Boas tradições precisam ser preservadas. Entretanto, cristãos verdadeiros precisam renunciar a toda influência contrária a sua fé em Deus. Pessoas de fé não são reféns de expressões como: "Em nossa família não fazemos assim". Ou: "Nem parece que você cresceu aqui". Se não rompemos com as influências nocivas de nossos familiares, nunca andaremos nas pisadas da fé de Abraão.

Porém, além de deixar sua terra e seus parentes, o convite divino chamou Abraão para algo ainda mais profundo. Ele precisava renunciar à casa de seu pai. Especialmente nos tempos antigos, os filhos recebiam de seus pais mais do que apenas conselhos e tradições. Era no núcleo da intimidade paterna que eles recebiam a sua identidade. O pai era responsável por transferir ao filho o seu legado, tornando-o, assim, uma continuação de quem ele era. Renunciar à casa do pai era aceitar uma nova identidade vinda de Deus, era acreditar que poderia ser muito além do que seu pai o havia treinado para ser.

Inseguro, mal-humorado, pessimista, desistente, preguiçoso, amargurado, inferior... Talvez essas tenham sido algumas das marcas que você recebeu de seus pais. Entretanto, homens e mulheres de fé rompem com os traumas que formaram a sua história e assumem a identidade que vem do Alto, e são justamente esses que se tornam pais e mães de nações, prósperos, abençoados e abençoadores, pois creram naquilo que ouviram de Deus.

Abraão saiu de sua terra para receber uma terra que vinha de Deus. Deixou sua parentela para abençoar todas as famílias do mundo. Partiu da casa de seu pai para ser pai da fé de uma nova geração. A fé que renuncia é a que nos eleva a outro patamar, a fim de gerarmos as promessas de Deus para nossa vida. Por isso, logo depois de dizer o que Abraão teria que deixar, Deus o instruiu a ir para uma terra que Ele ainda haveria de mostrar. Isso significa que Abraão abandona seu lar mesmo sem saber o lugar exato que Deus tinha para ele. Pessoas de fé não precisam saber todo o itinerário, pois confiam em Quem está guiando.

Muitos gostariam que Deus falasse tudo de uma vez, contudo, Ele não trabalha assim, e que bom, porque nós também não suportaríamos a caminhada se soubéssemos de cada detalhe dela. Com o Senhor, damos um passo e Ele revela o próximo. Por outro lado, muitas pessoas têm perdido a revelação do próximo passo, pois se recusam a avançar sem antes conhecer todos os detalhes do plano de Deus. Quando o salmista declara: "A tua palavra é lâmpada que ilumina os meus passos e luz que clareia o meu caminho" (Salmos 119.105 – NVI), a figura utilizada não é a de um farol capaz de iluminar a uma longa distância. O autor do salmo compara a Palavra de Deus às pequenas lamparinas que os viajantes transportavam em suas jornadas, capazes de iluminar apenas o próximo passo. Pessoas de fé avançam pela confiança que têm na Palavra e não pela aparente certeza do que veem no caminho. Elas confiam em Deus, não no itinerário.

Em Atos 8, o evangelista Filipe estava vivendo um avivamento em Samaria. Enfermos eram curados, demônios eram expulsos e multidões passavam a crer em Jesus. Contudo, em certo momento, Deus lhe deu uma nova direção: "Um anjo do Senhor disse a Filipe: 'Vá para o sul, para a estrada deserta que desce de Jerusalém a Gaza'." (Atos 8.26 – NVI). O interessante é que Deus não lhe disse nada sobre o que ele faria lá. A única ordem era ir para um lugar deserto. Assim que o evangelista obedeceu, uma carruagem passou pelo local. Quando Filipe estava a vista, Deus lhe disse: "Aproxima-te dela".

Ao se aproximar, Filipe descobriu que havia um eunuco naquela carruagem, e que ele estava lendo um texto de Isaías a respeito de Cristo. Foi quando Filipe entendeu que estava lá para pregar o Evangelho ao eunuco, que não apenas escutou a sua pregação, mas creu e foi batizado nas águas. Em seguida, Filipe foi arrebatado para uma outra região. Ao tirá-lo do avivamento em Samaria, Deus não lhe disse que ele participaria da salvação de um eunuco e nem que seria arrebatado logo depois. Ele apenas ordenou que Filipe fosse a um lugar deserto. A direção de Deus, geralmente, é um passo de cada vez. À medida que obedecemos, temos mais revelação. Conforme nos movemos, enxergamos cada vez mais o que Deus tem para nós.

CRIAÇÃO E RESSURREIÇÃO

Entretanto, mesmo obedecendo a direção de Deus, a Palavra nos revela que Abraão carregava consigo uma frustração: não ter filhos. E é nessa parte da história que sua fé começou a ser ainda mais esticada e testada. Apesar de sua idade avançada, da esterilidade de sua esposa Sara, e de não ter nenhuma perspectiva de herdeiros, ele expôs a sua decepção ao Senhor, que, apenas Lhe mostrou as estrelas e disse: "Assim será a tua descendência". E Abraão simplesmente creu no Senhor.

> O qual, em esperança, creu contra a esperança, tanto que ele se tornou pai de muitas nações, conforme o que lhe fora dito: Assim será a tua descendência. E não enfraquecendo na fé, não atentou para o seu próprio corpo já amortecido, pois era já de quase cem anos, nem tampouco para o amortecimento do ventre de Sara. (Romanos 4.18-19)

Para vivermos as promessas de Deus, a nossa fé precisa estar acima das circunstâncias. Não podemos andar pelo que vemos ou sentimos. Pessoas de fé não são persuadidas pelas evidências contraditórias, mesmo que estejam em seu próprio corpo, como no caso de Abraão e Sara. Se o pai da fé olhasse em um espelho e só focasse em suas rugas, marcas que falavam não apenas de uma idade avançada, mas de um vigor que já havia ido embora, provavelmente ele nunca teria vivido a promessa de Deus. Ainda mais para um homem como ele, que havia tentado, por tantos anos, viver aquele sonho. As rugas poderiam lembrá-lo das várias tentativas frustradas ao longo do tempo. Além disso, mesmo que ele tirasse os olhos de si mesmo, Abraão veria as rugas de sua esposa idosa e estéril. Em sua própria casa, ele não teria outra opção a não ser contemplar as diversas imagens do triunfo da adversidade. Havia tantos quadros negativos que o cercavam, que Deus fez questão de trazer figuras de fé à tona. Grãos de areia e estrelas do céu, incontáveis e inumeráveis, mostram-nos o tamanho do poder do Senhor para mudar a nossa situação.

Sim, o poder de Deus foi a base da fé de Abraão: "(Como está escrito: Por pai de muitas nações te constituí) perante aquele no qual creu, a saber, Deus, o qual vivifica os mortos, e chama as coisas que não são como se já fossem." (Romanos 4.17). Conforme afirma John Stott: "'Dá vida aos mortos' refere-se à ressurreição. Chamar a existência coisas que não existem como se existissem, ou dizendo melhor, 'faz existir o que não existia', que é a criação. Não há coisa que nos deixe mais desconcertados, como seres humanos, do que o nada e a morte. A criação e ressurreição foram e continuam sendo as duas mais significativas manifestações do poder de Deus"[1].

---

[1] STOTT, John. **A Mensagem de Romanos**. 2000. São Paulo: ABU Editora, p.154.

E é exatamente nessas duas facetas tão impressionantes do poder de Deus, como a criação e a ressurreição, que a fé desse patriarca estava ancorada. Andar nas pisadas da fé de Abraão é considerar que Deus é o Criador, e Ele não depende de matéria-prima para criar alguma coisa. Quando a Bíblia revela a Deus como o Criador, ela afirma que é através de Suas palavras que simplesmente tudo passou a existir: "Pela fé entendemos que o universo foi formado pela palavra de Deus, de modo que o que se vê não foi feito do que é visível." (Hebreus 11.3 – NVI).

Antes de o universo ser formado, o Deus Trino já existia. Não havia sequer uma estrela, mas, quando Ele falou, elas simplesmente apareceram. Bilhões delas, segundo estimativas científicas. Não havia luz, mas Deus não teve que fazer esforço nenhum para criá-la, apenas disse: "Haja". Ele foi capaz de criar um elefante e uma formiga. Formou uma rosa e um pinheiro. Estabeleceu montanhas e vales. Fez baleias e caranguejos. O macro e o micro revelam que o Universo não é obra do acaso, mas de um Deus Criador.

Bom, já que cremos que Deus é capaz de criar a partir do nada, que dificuldade Ele teria em fazer uma idosa gerar um filho? Seria como desafiar um homem musculoso a levantar uma simples folha de papel. Se Ele não depende de matéria-prima, dar vista ao cego é tão fácil que até mesmo saliva misturada com terra pode funcionar para a realização desse milagre. Se Deus cria com a Sua Palavra, cinco pães e dois peixinhos podem alimentar uma multidão. Se criar é o ápice do sobrenatural, qualquer milagre é comum para um Deus extraordinário.

Mas a história de Abraão não termina por aí. A Bíblia continua nos contando que ele recebeu Isaque, o filho da promessa, para nos mostrar que quem anda por fé experimentará os milagres de Deus, leve o tempo que for necessário. O curioso é que, após ter recebido aquilo que tanto esperava, Deus o convida a entregar o que havia ganhado. E naquele instante, a sua fé foi levada a confiar não na promessa, mas em Quem havia prometido. Ao sacrificar Isaque, Abraão estaria dando a mais alta demonstração de fé:

> Pela fé ofereceu Abraão a Isaque, quando foi provado; sim, aquele que recebera as promessas ofereceu o seu unigênito. Sendo-lhe dito: Em Isaque será chamada a tua descendência, considerou que Deus era poderoso para até dentre os mortos o ressuscitar; e daí também em figura ele o recobrou.
> (Hebreus 11.17-19)

A palavra "ressurreição" é tão comum para nós, cristãos, que, em certos momentos, acabamos por perder a grandiosidade do que está sendo afirmado. E essa passagem a respeito da fé de Abraão é um desses casos. Afinal, antes dele, não havia nenhum registro bíblico de alguém que teria voltado à vida de dentre os mortos. Isso quer dizer que o Pai da fé acreditava em algo que não tinha precedentes na História. O texto bíblico nos diz que Abraão **considerou** que Deus era poderoso para até dentre os mortos ressuscitar Isaque. No grego, a palavra "considerou" é *logizomai*, que significa "fazer um cálculo, levar em conta, pesar as razões para concluir ou inferir"[2]. Ou seja, a lógica de Abraão não o conduziu para o natural. Existe um lugar em Deus onde a fé afeta a nossa razão a ponto de nos levar a crer que a morte resultará em vida. Como disse Bill Johnson: "A mente está renovada quando cremos que o impossível é naturalmente possível"[3].

Diante do pedido inusitado de Deus para que o patriarca sacrificasse o filho da promessa, pelo qual viria toda a sua descendência, Abraão chegou à conclusão de que Deus ressuscitaria Isaque. Ele creu que Deus era bom mesmo quando parecia pedir algo ruim. Acreditou que o Senhor era fiel em um momento no qual Ele, aparentemente, estava se contradizendo. O Pai da fé não viu no pedido de Deus um fim, mas uma oportunidade de viver algo inédito na História.

Abraão é o pai da fé, então, somos chamados de filhos dessa fé. Andar nas pisadas da fé de Abraão é sair do lugar das tradições e da identidade desta Terra. É

---

[2] STRONG, James. **Léxico Hebraico, Aramaico e Grego de Strong**. In app Olive Tree, Bible Study.

[3] JOHNSON, Bill. **Face a Face com Deus**. 2007, p. 198. São Paulo - SP: Editora Vida.

obedecer a voz de Deus quando não sabemos ao certo como será o restante da jornada. É crer que Ele pode criar mesmo quando não vemos nada. É lidar com as circunstâncias contemplando as estrelas do céu. É saber que nossos "Isaques" são d'Ele, e, mesmo que as promessas pareçam estar mortas, Deus é poderoso para ressuscitá-las. Abra a sua Bíblia. Nela, você encontrará as pisadas de fé para nortear sua caminhada.

Capítulo 7

QUEM DISSE?

Conhecer o caráter de Deus fortalece a nossa fé

O dia está lindo. Você acorda de manhã, olha pela janela e decide que é o dia perfeito para um passeio no *shopping* com sua família. Para não perder tempo, você apressa a todos e, na correria, não repara que ninguém se lembrou de desligar o forno. Algumas horas depois, quando puxa o celular para fazer uma *selfie*, repara nas dezenas de ligações perdidas de seu vizinho. Imediatamente, liga de volta e fica chocado com a notícia. Incrédulo, você volta correndo para casa e, para a sua tristeza, descobre que tudo o que ele havia dito era verdade: sua casa está em chamas!

Enquanto os bombeiros apagam o fogo, você começa a fazer as contas. O prejuízo é grande demais. Aquele dinheirinho que tinha guardado não é suficiente para remobiliar a sua casa, isso, sem contar que você ainda está devendo a maior parte daquele empréstimo imobiliário, e adicionar um aluguel às despesas mensais está fora de questão.

À medida em que a ansiedade começa a se instalar, uma fila de pessoas aparece para consolá-lo. Todos dizem sentir muito e prometem lhe ajudar. A verdade é que nenhum deles conseguem acalmá-lo, apesar de muitos serem, de fato, seus amigos e genuinamente se importarem com você. Isso, porque você conhece a vida deles e sabe que nenhum desses seus amigos tem uma condição financeira muito boa. Ele são sinceros, mas não têm capacidade de ajudar. Outros, como o vizinho rico que mora em uma casa de três andares, até poderiam auxiliar, porém, eles não se importam tanto assim com você. Portanto, apesar das promessas, você sabe que todos os discursos são mais por educação mesmo. Por outro lado, o seu desespero continua crescendo, até que você recebe uma ligação daquele seu tio rico: "Eu tenho um apartamento aí perto que está parado", ele diz. "Está mobiliado e tudo mais. Pode ficar por lá o tempo que precisar." Seus olhos se enchem de lágrimas. Essa promessa de ajuda consegue acalmar o seu coração, porque a identidade da pessoa que prometeu faz toda a diferença.

Foi o conhecimento de quem fez a promessa que transformou uma estéril, incrédula, na primeira heroína da fé: "Pela fé, também, a própria Sara recebeu poder para ser mãe, não obstante o avançado de sua idade, pois teve por fiel aquele que lhe havia feito a promessa." (Hebreus 11.11 – ARA).

Observando a vida de Sara e Abraão, percebemos que, tanto esses quanto todos os outros heróis da fé, nem sempre estiveram firmes em sua postura. No caso de Abraão, por exemplo, ele decidiu levar Ló consigo, mesmo Deus tendo lhe dito para deixar toda a sua parentela para trás. Mentiu, mais de uma vez, alegando ser o irmão de sua esposa. Sara, por sua vez, ofereceu a própria escrava para se deitar com Abraão, por não crer que poderia conceber um filho. Veja, os heróis da fé também já vacilaram na fé. Mas foi a revelação de quem Deus é que os levou a um novo nível de confiança. Inclusive, ambos tiveram a mesma reação diante da promessa de terem um filho na velhice. A primeira atitude dos dois, diante do que Deus disse, foi rir:

> Então caiu Abraão sobre o seu rosto, e riu-se, e disse no seu coração: A um homem de cem anos há de nascer um filho? E dará à luz Sara da idade de noventa anos? E disse Abraão a Deus: Quem dera que viva Ismael diante de teu rosto! (Gênesis 17.17-18)

> Por isso riu consigo mesma, quando pensou: "Depois de já estar velha e meu senhor já idoso, ainda terei esse prazer?" (Gênesis 18.12 – NVI)

A ideia de ter um filho aos noventa e cem anos de idade, depois de uma vida inteira de esterilidade, fez com que a promessa soasse como piada aos seus ouvidos. Porém, Deus, ouvindo o riso de Sara, confrontou-a, e, a fim de corrigir a sua incredulidade, lembrou-a de que era Ele, o Senhor de todo o Universo, que estava fazendo a promessa:

> Mas o Senhor disse a Abraão: "Por que Sara riu e disse: 'Poderei realmente dar à luz, agora que sou idosa?' Existe alguma coisa impossível **para o Senhor**? Na primavera voltarei a você, e Sara terá um filho." (Gênesis 18.13-14 – grifo dos autores)

Mas entre o riso de incredulidade e o milagre de Isaque, o que mudou para Sara? Como a Bíblia pode dizer que "pela fé, ela recebeu poder para ser mãe", se o que vemos em Sara são gargalhadas de descrença? Logo, o que podemos concluir é que algo levou essa mulher da descrença para a fé. O interessante é que a Palavra nos revela que o que fortaleceu a fé de Sara foi que ela " [...] teve por fiel **aquele** que lhe havia feito a promessa." (Hebreus 11.11b – ARA – grifo dos autores). Isso significa que o seu foco saiu da promessa em si e foi direcionado para Aquele que a fez. A fidelidade d'Aquele que prometeu foi o que fez Sara ter fé. Ela rompeu a barreira da sua esterilidade e velhice, quando parou de considerar a si mesma e passou a acreditar em quem Deus é.

Para crescermos em fé, precisamos conhecer as promessas que Deus nos fez. Contudo, esse conhecimento, por mais detalhado que seja, não é suficiente para sustentar a nossa fé. Há tantas pessoas que sabem de todos os detalhes das promessas de Deus para a sua vida, porém vacilam diante das adversidades e desistem das promessas divinas, porque não investiram tempo em conhecer o caráter de Deus. E o que mantém uma pessoa firme na fé é exatamente o conhecimento de quem Deus é: "Guardemos firme a confissão da esperança, sem vacilar, **pois quem fez a promessa é fiel**." (Hebreus 10.23 – ARA – grifo dos autores).

Quem sabe que Deus é a verdade, jamais pensará que Ele mentiu sobre o que disse. Quem entendeu que Deus é o Todo Poderoso, não vê nenhuma situação como impossível. Quem sabe que Deus é amor, também sabe que Ele nunca lhe deixará e nem lhe desamparará. É justamente a falta de compreensão do caráter de Deus que nos leva a descrer do que Ele diz.

Foi a fidelidade divina que fortaleceu a fé de Sara. A palavra "fiel" significa "digno de confiança, compromissado em fazer o que prometeu, alguém que foi certificado, verificado, que é estável"[1]. Uma pessoa fiel é digna de confiança por ter compromisso em cumprir o que prometeu. Uma vez que fidelidade tem relação com a confiança, não basta alguém se autodeclarar fiel. Na cultura dos hebreus, aquele que dizia ser fiel deveria ser testado e verificado em seu dia a dia antes de ser confirmado como tal. Pedro,

---

[1] STRONG, James. **Léxico Hebraico, Aramaico e Grego de Strong.** In app Olive Tree, Bible Study.

por exemplo, declarou que seria fiel a Jesus e jamais o negaria. Por isso, logo em seguida, ele foi testado três vezes e, infelizmente, fracassou. Outro exemplo vem do próprio Jesus. Ele nos ensinou que somente depois de confirmados como fiéis no pouco e na escassez, é que seríamos promovidos ao muito.

Além de testada e verificada, para ser considerada fiel, a pessoa precisa ser constante. Fidelidade quer dizer perseverança até o fim. Constância, estabilidade e imutabilidade também são sinônimos dessa característica. Por isso, o apóstolo Paulo, falando a respeito da fidelidade d'Aquele que começou a boa obra, declara que Ele não a abandonará no meio do caminho, antes, a conduzirá à plena realização (Filipenses 1.6).

Entretanto, quando nos referimos à fidelidade humana, sabemos que muitos podem cair e se tornar infiéis mesmo tendo começado com a intenção correta. Para nós, essa qualidade pode se perder no meio das adversidades. Deus, no entanto, não se encaixa nesse padrão. A fidelidade não é simplesmente uma qualidade de Deus, mas parte da Sua própria natureza: "Se somos infiéis, ele permanece fiel; **pois de maneira nenhuma pode negar-se a si mesmo.**" (2 Timóteo 2.13 – ARA – grifo dos autores). Deixar de ser fiel, para Deus, seria negar a Sua identidade. Em outras palavras, para Ele, não ser fiel é o mesmo que deixar de ser Deus. A infidelidade divina é tão possível quanto um peixe voar, uma bananeira dar melancia ou um homem ficar grávido. Ou seja, a infidelidade é um posicionamento simplesmente impossível para Aquele que é o mesmo ontem, hoje e será para sempre.

Por isso, podemos ter a certeza de que Deus fará o que Ele disse que vai fazer. Afinal de contas, a fidelidade divina não aponta apenas para a Sua integridade, mas também para o Seu poder, pois quem é fiel só promete aquilo que é capaz de fazer. Um mendigo poderia até lhe prometer uma casa nova, porém não teria capacidade para ser fiel ao que disse, porque lhe faltariam os recursos. Quando Deus diz que fará algo é porque Ele já possui, em Si mesmo, o que é necessário para realizá-lo. Quem prometeu abrir o mar é O mesmo que estabeleceu seus limites. Quem, um dia, formou montanhas pode facilmente derrubar muralhas. Aquele que promete salvação é O mesmo que imolou o Cordeiro antes da fundação do mundo. Fazer da estéril mãe de filhos não é difícil para quem, um dia, fez o homem do pó da terra.

RECEBENDO PODER PARA SER

No momento em que Sara teve por fiel Aquele que fez a promessa, através de sua fé, ela obteve o poder de ser mãe. Receber milagres está atrelado à fé. Neste livro, temos visto que fé inclui a ideia de dar, obedecer e andar com Deus. Entretanto, não podemos excluir o fato de que a fé é o canal para recebermos as promessas divinas. Veja:

> Porque pela graça sois salvos, por meio da fé; e isto não vem de vós, é dom de Deus. (Efésios 2.8)

> Tendo sido, pois, justificados pela fé, temos paz com Deus, por nosso Senhor Jesus Cristo. (Romanos 5.1)

> E ele lhe disse: Filha, a tua fé te salvou; vai em paz, e sê curada deste teu mal. (Marcos 5.34)

> Porque todo o que é nascido de Deus vence o mundo; e esta é a vitória que vence o mundo, a nossa fé. (1 João 5.4)

> Assim foi tirado Daniel da cova, e nenhum dano se achou nele, porque crera no seu Deus. (Daniel 6.23b)

Salvação, justificação, cura, vitória, livramento e tantas outras bênçãos estão associadas à fé. Sabemos que Deus e a Sua graça são a origem de todas as promessas, mas a fé é o canal pelo qual elas nos alcançam. A fé funciona como uma torneira. Não é a torneira que molha o chão, e sim a água, mas ela precisa estar aberta para que a água possa molhar a terra. A fé é o canal pelo qual os rios da graça fluem para transformar os nossos desertos em mananciais. É por esse motivo que Jesus dizia para a maioria daqueles que buscavam cura: "A tua fé te salvou". Sabemos que era Jesus quem os curava, o que poderia muito bem fazê-lO dizer: "Sim, fui Eu que te curei", ou: "Vá, o Meu poder te curou", e isso, ainda assim, seria verdade. Porém, ao se posicionar dessa forma, Jesus está nos ensinando como interagir com o Seu poder. É preciso crer para acessarmos o poder do Senhor. Isso é muito importante. Afinal, Jesus nunca atribuiu a cura ao desejo ou à necessidade de uma pessoa. Ele não dizia: "Vá, o teu desejo te curou", ou: "Por causa de sua necessidade, você está curado". Todos têm a necessidade da salvação, mas só os que creem são salvos. Todos desejam as bênçãos, mas somente os que têm fé recebem. O apóstolo Tiago chega a dizer que sem fé o homem não receberá coisa alguma de Deus:

> Peça-a, porém, com fé, sem duvidar, pois aquele que duvida é semelhante à onda do mar, levada e agitada pelo vento. Não pense tal homem que receberá coisa alguma do Senhor. (Tiago 1.6-7 – NVI)

Sem fé, não receberemos absolutamente nada do Senhor. As águas do poder de Deus estão prontas para fluir, mas Ele confiou a nós a responsabilidade de abrir a torneira, de agir em fé, para receber da Sua graça. É isso o que Lucas nos revela quando diz: "Por isso lhes digo: Peçam, e lhes será dado; busquem, e encontrarão; batam, e a porta lhes será aberta." (Lucas 11.9 – NVI).

Observe que dar, encontrar e abrir a porta são responsabilidades divinas. Ao passo que pedir, buscar e bater são atribuições humanas. As nossas atitudes vêm antes das ações de Deus nesse texto. Isso indica que Ele quer que tenhamos o comportamento de pedir, buscar e bater à porta primeiro. Assim, só depois de obedecermos é que o Senhor realizará Sua vontade em nós.

Muitas pessoas são passivas e mascaram a sua inércia com um verniz de submissão, afirmando que, na verdade, estão confiando na vontade soberana de Deus. Para muitos, a mulher hemorrágica deveria esperar quieta, em sua casa, pela cura que tanto precisava. Afinal, se fosse da vontade de Deus, Jesus iria até ela. O cego de Jericó deveria ficar em silêncio esperando Jesus tocar em seus olhos. A mulher cananeia não deveria insistir tanto a ponto de se comportar como um cachorro esperando por migalhas que caíssem da mesa. A nossa ação não anula a soberania de Deus. Pelo contrário, ela é uma resposta de obediência à Palavra do Senhor. Em contrapartida. não agir e esperar passivamente pelo cumprimento da vontade soberana de Deus é tentar mudar uma lei que Ele próprio estabeleceu.

Pessoas de fé têm iniciativa e ousadia. Pela fé, Sara pôde ser mãe, Davi foi estabelecido como rei, Moisés recebeu o poder para libertar o povo de Israel. Pela fé, somos transformados e recebemos tudo que precisamos para viver os planos de Deus para nós. Não importa se você gerou Ismael ou se riu por incredulidade acerca do seu futuro. Levante os olhos e veja o Deus que perdoa os seus pecados. O mesmo que não impede Isaque de nascer por causa de Ismael. Isso mesmo, contemple a Sua fidelidade, pois quem o Senhor é levará você a um novo nível de fé, em que receber milagres se tornará real. É crendo no caráter de Deus que a estéril se torna mãe de filhos.

Capítulo 8

PONDO A FÉ EM PALAVRAS

Criação, alimentação e direção estão na ponta da sua língua

Quando nascemos, a nossa relação com as palavras ainda não estava completamente formada. Na verdade, ela estava bem longe disso. É por esse motivo que as palavras não só não faziam sentido para nós, como também soavam estranhas aos nossos ouvidos. Apenas com o decorrer do tempo, bem lentamente, elas começaram a ter significado real, como, por exemplo, quando passamos a balbuciar as primeiras sílabas: "papá", "mamã", "ága"... Quanto mais as dominávamos, mais efetivamente nos comunicávamos, afinal, antes de estarem em nossa boca, elas já se encontravam dentro de nossa mente, e saber utilizá-las nos capacitou a colocar para fora os nossos pensamentos. Deus não nos fez seres apenas pensantes ou telepaticamente comunicativos, mas nos concedeu uma maneira de expressar os nossos pensamentos através das palavras. Inclusive, o próprio Criador não fez as coisas pela força do pensamento, e sim utilizou o poder das palavras.

Como homens e mulheres de fé, precisamos entender o espírito da fé: "E temos portanto o mesmo espírito de fé, como está escrito: Cri, por isso falei; nós cremos também, por isso também falamos." (2 Coríntios 4.13). Isso indica que não existe fé muda. Se esta não afeta as palavras de sua boca, ela é incapaz de transformar as suas situações. É evidente, como já foi dito, que a fé nasce no coração e precisa ser demonstrada nas ações, contudo, isso não exime o crente da responsabilidade de falar de acordo com a Palavra de Deus.

Desde o início da fé cristã, somos convidados a acreditar com o coração e a confessar com a boca. É dessa forma que somos salvos (Romanos 10.9). A salvação, portanto, exige a cooperação de duas partes do ser humano: coração e boca. Nunca haverá salvação se a fé for "só da boca para fora" ou se ela for resultado de uma repetição sem convicção. Muitos vão ao altar e confessam a Jesus como seu Salvador, mas, em seu coração, não creem. E justamente por não ser genuína, essa confissão não funciona. Por outro lado, alguns enfatizam tanto o coração que parecem crer que a confissão de nada vale. Mas isso não corresponde ao espírito da fé.

João, falando a respeito da resposta dos líderes judeus à mensagem de Jesus, disse: "Ainda assim, muitos líderes dos judeus creram nele. Mas, por causa dos fariseus, não confessavam a sua fé, com medo de serem expulsos da sinagoga" (João 12.42 – NVI). Esses homens ouviram as palavras de Jesus e acreditaram em tudo o que ouviram. Todavia, por estarem preocupados com a opinião dos outros a seu respeito, seus lábios não professaram a sua crença. Sobre pessoas assim, Jesus disse:

> Portanto, qualquer que me confessar diante dos homens, eu o confessarei diante de meu Pai, que está nos céus. Mas qualquer que me negar diante dos homens, eu o negarei também diante de meu Pai, que está nos céus. (Mateus 10.32-33)

Dessa forma, concluímos que, embora pouco falada em alguns círculos cristãos, a confissão é um fundamento essencial para a vida de um seguidor de Cristo. Damos início à caminhada com Jesus confessando-O como nosso Senhor e Salvador e, assim, somos salvos. Depois, testemunhamos às pessoas à nossa volta sobre Cristo, e somos convocados a, diariamente, proferir a nossa fé através da oração e adoração. E se erramos ao longo da jornada, precisamos admitir e confessar os nossos pecados, com a certeza de que Deus é fiel e justo para nos perdoar (1 João 1.9). Dessa maneira, começamos confessando, continuamos confessando e devemos perseverar até o fim retendo a nossa confissão: "Retenhamos firmes a confissão da nossa esperança..." (Hebreus 10.23a). A vida do cristão, do início ao fim, é marcada por essa prática.

A palavra "confessar", no grego, significa: "dizer a mesma coisa que outra, concordar com, conceder, não recusar, prometer, não negar, declarar, admitir ou declarar-se culpado do que é acusado, professar, declarar abertamente, falar livremente, professar a si mesmo o adorador de alguém, louvar, celebrar". Somos muito familiarizados à ideia de confessar Jesus como Senhor e Salvador, os nossos pecados e buscar a Deus em oração. Contudo, quando nos referimos a confessar a Palavra de Deus no dia a dia, muitos cristãos falham absurdamente, por falarem segundo os seus sentimentos, adversidades ou opiniões alheias, e não de acordo com a vontade de Deus. Com isso, prejudicam a si mesmos, aqueles que estão ao seu redor e o seu próprio futuro.

Isaque, um dos heróis da fé, é um excelente exemplo de alguém que confessou de acordo com o que cria: "Pela fé Isaque abençoou Jacó e Esaú, no tocante às coisas futuras." (Hebreus 11.20). As palavras de sua confissão ficaram registradas no livro de Gênesis:

> Ele (Jacó) se aproximou e o beijou. Quando sentiu o cheiro de suas roupas, Isaque o abençoou, dizendo: "Ah, o cheiro de meu filho é como o cheiro de um campo que o Senhor abençoou. Que Deus lhe conceda do céu o orvalho e da terra a riqueza, com muito cereal e muito vinho. Que as nações o

sirvam e os povos se curvem diante de você. Seja senhor dos seus irmãos, e curvem-se diante de você os filhos de sua mãe. Malditos sejam os que o amaldiçoarem e benditos sejam os que o abençoarem". (Gênesis 27.27-29 – NVI – acréscimo dos autores)

Seu pai Isaque respondeu-lhe (a Esaú): "Sua habitação será longe das terras férteis, distante do orvalho que desce do alto céu. Você viverá por sua espada e servirá a seu irmão. Mas quando você não suportar mais, arrancará do pescoço o jugo". (Gênesis 27.39-40 – NVI – acréscimo dos autores)

Ao nos depararmos com a vida de Esaú e Jacó, percebemos que as palavras de Isaque realmente se cumpriram na trajetória desses dois homens. Isso, porque ele estava falando de acordo com a vontade de Deus. Por isso, podemos afirmar que as palavras de Isaque foram uma forma de confissão. Afinal, "confissão", como vimos, significa "dizer a mesma coisa que outra, concordar com". Quando ouvimos a Palavra de Deus e a declaramos, estamos concordando com o Céu a respeito do que acontecerá na Terra. Precisamos ser como Isaque e aprender a declarar as verdades que o Céu está dizendo.

Em nossa vida diária, precisamos ter a Bíblia como manual de confissão. Dizer o que ela diz, e não o que sentimos ou vemos. Isso é andar por fé. Por outro lado, não devemos negar ou ignorar a realidade existente, mas é justamente nessas horas que devemos confessar a realidade eterna. Vemos a Terra sem forma e vazia, mas declaramos: "Haja luz!" Vislumbramos um vale de ossos secos, porém profetizamos vida. Nós nos deparamos com um pescador rude e impulsivo, mas o chamamos de pescador de homens. Observamos a montanha e depois a movemos pelo poder da Palavra de Deus. Declarar que existe um vale de ossos secos e uma montanha à nossa frente é algo que qualquer incrédulo pode fazer. Mas profetizar vida onde só existe morte é algo que apenas uma pessoa de fé é capaz. Enquanto um declara o que viu, o outro transforma o que viu.

CRIAR, ALIMENTAR E DIRIGIR

A Palavra de Deus carrega a essência divina. O próprio Jesus é chamado de Verbo, a palavra viva sem a qual nada do que foi feito se fez (João 1.1-3). Bastou uma palavra de Jesus para que o servo do centurião fosse curado, pois a Palavra de Deus tem poder para curar e livrar das garras da morte: "Ele enviou a sua palavra e os curou, e os livrou da morte." (Salmos 107.20 – NVI). E não apenas isso, mas foi essa mesma Palavra que criou todas as coisas. A Palavra de Deus é poderosa para curar, libertar, empoderar, criar e operar qualquer milagre, e isso não é novidade para a maioria de nós. Contudo, o que muitas vezes não entendemos é que essa mesma Palavra continua sendo poderosa na boca da Sua criação. Certa vez, o evangelista alemão Reinhard Bonnke, usado por Deus em sinais, maravilhas e na conversão de milhões no continente africano, foi perguntado sobre o momento no qual ele percebeu um romper em seu ministério. Então, ele respondeu: "Meu ministério mudou quando eu entendi que a Palavra de Deus na boca de Deus tem o mesmo poder que na minha boca".

Quando Deus levou o profeta Ezequiel ao vale de ossos secos, o Seu propósito não foi fazê-lo assistir aos ossos voltarem à vida. Antes, o que Deus queria era despertar Ezequiel para se tornar um agente de vida. O Senhor não lhe disse: "Se você crer, Eu falo com os ossos", mas: "Se você crê, fale com os ossos o que Eu lhe digo". Assim, após Ezequiel ter dito o que ouviu de Deus, o vale de ossos se tornou um exército.

A Bíblia nos afirma que "A boca do justo é fonte de vida..." (Provérbios 10.11a). Isso significa que quando nos referimos à fonte de um rio, falamos de sua origem. As abundantes águas de um rio sempre se originam de uma pequena fonte. Da mesma forma, as palavras de alguém que vive no temor do Senhor são fontes que criam novas realidades. Quem foi justificado por Deus pode chamar à existência as coisas que não existem como se já fossem. Seus lábios podem ser a origem de um novo destino. Afinal, a morte e a vida estão no poder da língua (Provérbios 18.21).

Por isso, rompa as limitações de sua vida através da declaração da Palavra. Em vez de reclamar sobre o seu marasmo financeiro, declare: "O meu Deus, segundo as suas riquezas, suprirá todas as vossas necessidades em glória, por Cristo Jesus." (Filipenses 4.19). Pare de escrever o seu atestado de óbito e confesse o que está escrito: "Verdadeiramente ele tomou sobre si as nossas enfermidades, e as nossas dores levou sobre si; e nós o reputávamos por aflito, ferido de Deus, e oprimido." (Isaías 53.4). Quando parecer que tudo desabou ao seu redor, encha os seus lábios de louvor, declarando: "O Senhor é bom para todos, e as suas misericórdias são sobre todas as suas obras." (Salmo 145.9). Fale como quem vê o invisível.

Entretanto, vale mencionar também que as nossas palavras não são apenas fontes, mas frutos: "Do fruto da boca enche-se o estômago do homem; o produto dos lábios o satisfaz. A língua tem poder sobre a vida e sobre a morte; os que gostam de usá-la comerão do seu fruto." (Provérbios 18.20-21 – NVI). O fruto é, comumente, a parte da árvore que nos serve de alimento. Se, por um lado, Jesus ensinou que a boca fala do que está cheio o coração (Mateus 12.34), percebemos pelo texto de Provérbios que o coração também se enche do que a boca fala. Em outras palavras, alimentamos o nosso interior com aquilo que declaramos.

Você já percebeu que, ao falar sobre uma tristeza, você começa a ficar mais triste? Isso acontece porque você come daquilo que fala. É bom desabafarmos com Deus e com pessoas maduras, contudo, precisamos focar em mudar os fatos e não apenas constatá-los.

Precisamos nos lembrar de que a fé vem pelo ouvir e, ainda que não percebamos, nós somos os primeiros ouvintes de nossas próprias palavras.

Nós somos o que comemos. Todos temos consciência de que o nosso corpo reage de acordo com a nossa alimentação. Da mesma forma, o nosso interior reage ao fruto do que dizemos. Se o fruto é incredulidade, nosso coração se alimentará dessas palavras incrédulas e se tornará cheio delas. Assim, uma vez que a boca fala do que o coração está cheio, um ciclo vicioso de incredulidade se estabelece entre esses dois órgãos. Agora, quando declaramos a fé, o nosso interior reage com ousadia, e não com medo. Fazendo isso, nos levantaremos como pessoas que podem todas as coisas n'Aquele que nos fortalece. Estabeleça um ciclo diferente. Cuide da alimentação do seu coração. Veja:

> A ansiedade no coração deixa o homem abatido, mas uma boa palavra o alegra. (Provérbios 12.25)

> As palavras agradáveis são como um favo de mel, são doces para a alma e trazem cura para os ossos. (Provérbios 16.24 – NVI)

> O que guarda a sua boca e a sua língua guarda a sua alma das angústias. (Provérbios 21.23)

Esses textos nos revelam claramente alguns dos benefícios de uma boa dieta vocabular. Por exemplo, se a alegria estiver em nossos lábios, o abatimento e a ansiedade sairão do nosso coração. Já a cura precisa vir através de nossa confissão, para que toda doença, na alma ou no corpo, se afaste de nossa vida. A proteção deve estar em nossa língua para que a nossa alma não seja destruída pelas angústias. Uma alimentação saudável de palavras em sua boca pode mudar completamente o seu interior.

Palavras criam e alimentam, mas também nos dirigem. O curso da nossa vida é determinado por aquilo que falamos. Tiago já disse:

> Quando colocamos freios na boca dos cavalos para que eles nos obedeçam, podemos controlar o animal todo. Tomem também como exemplo os navios; embora sejam tão grandes e impelidos por fortes ventos, são dirigidos por um leme muito pequeno, conforme a vontade do piloto.
> (Tiago 3.3-4 – NVI)

Ao falar sobre o poder das nossas palavras, o apóstolo Tiago menciona que algo grande é controlado por algo pequeno. Por mais forte que seja o cavalo, basta colocar um pequeno freio em sua boca para que ele nos obedeça. Por maior que seja o navio, um pequeno leme o dirige para onde o piloto quiser. O caminho do cavalo é determinado por quem controla o freio. A direção de um navio depende do seu leme. Igualmente, as nossas palavras determinam a direção de nossa vida. Ao declarar incredulidade, o povo de Israel conduziu sua vida a morrer no deserto. Josué e Calebe, por sua vez, colocaram-se em direção à Terra Prometida ao declararem sua fé. A mulher hemorrágica alcançou a cura porque disse: "Se eu apenas tocar nas vestes de Jesus ficarei curada". Assim também, o navio de sua vida está indo na direção do leme de suas palavras.

Muitos crentes usam o leme da maneira correta no momento da oração, mas não o utilizam tão bem no resto do dia. Oram por prosperidade, porém vivem murmurando dentro de casa. Oram por bênção, mas confessam maldição. Clamam por cura, contudo, passam o dia reclamando de dores e doenças. Que navio consegue sair do lugar se o seu comandante gira o leme para um lado diferente a cada momento? Infelizmente, diversos cristãos se aproximam da Terra Prometida apenas para voltar para o deserto. Assim, acabam morrendo sem viver o que Deus tinha para eles. Estagnação pode ser um sintoma de confissões bipolares.

Isso, porque o mesmo Deus que ouve a oração também escuta a murmuração. Ao convocar Moisés para ser o libertador o povo de Israel, Deus disse: "[...] e **tenho ouvido o seu clamor** por causa dos seus exatores, porque conheci as suas dores." (Êxodo 3.7b – grifo dos autores). Em outra ocasião, porém, Deus disse a Moisés e Arão: "**Tenho ouvido as murmurações** dos filhos de

Israel, com que murmuram contra mim." (Números 14.27b – grifo dos autores). Nosso Senhor é o Deus que ouve a oração do seu quarto e a reclamação de quando você está lavando louça. Ele é Aquele que ouve o seu clamor na igreja, mas também escuta quando você vomita incredulidade no trabalho. Ouve a sua pregação eloquente no altar, bem como sua constante murmuração acerca de sua família. Diante disso, a seriedade dessas palavras se torna ainda maior quando nos deparamos com a resposta de Deus ao que foi falado: "Dize-lhes: Vivo eu, diz o Senhor, que, **como falastes aos meus ouvidos, assim farei** a vós outros." (Números 14.28 – grifo dos autores).

Portanto, cuide de suas palavras. Pois elas são capazes de criar, alimentar e dirigir a sua vida. Pare para ouvir e dê atenção ao que Deus está dizendo. Assim, você poderá repetir o som dos Céus e parar de ecoar as vozes da Terra. Que sejamos como Isaque: declararando o nosso futuro ainda no tempo presente. As Escrituras nos afirmam que, através dele, uma nova nação foi gerada. Suas palavras formaram o trilho das promessas de Deus para a sua descendência.

Capítulo 9

PROFETA PROSTRADO

De joelhos diante do Rei, de pé diante dos problemas

É curioso como que, para muitos, profetas com dedo em riste, denunciando pecados e anunciando a vontade de Deus; pregadores em púlpitos proclamando a Palavra a plenos pulmões; e evangelistas em palcos de cruzadas, atraindo multidões a Cristo, curando enfermos e expulsando demônios, são a imagem de pessoas de fé. Não que essa imagem esteja errada. Porém, ela é incompleta. Se continuar olhando para eles, e se forem mesmo modelos de fé a serem seguidos, você perceberá que há uma parte importante da caminhada da fé que, muitas vezes, deixamos de mencionar.

Jeremias é a prova viva disso. Ele profetizou ousadamente e foi perseguido pelo mesmo motivo. Apanhou e passou uma noite inteira no tronco, mas, no dia seguinte, continuou acusando o sacerdote que o havia mandado prender (Jeremias 20.1-6). Entretanto, logo em seguida, ele se humilhou diante de Deus, confessou a sua fraqueza e louvou Àquele que merece todo o louvor: "Cantem ao Senhor! Louvem ao Senhor! Porque ele salva o pobre das mãos dos ímpios." (Jeremias 20.13 – NVI). O profeta permaneceu de pé diante da perseguição, mas se prostrou diante de Deus em adoração.

E ele não é o único. Se atentarmos para Pedro, no livro de Atos, o veremos pregando para multidões, curando enfermos e desafiando líderes religiosos. Mas também o encontraremos subindo no terraço para orar e se submeter à correção divina (Atos 10.9-16). Semelhantemente, se analisarmos a vida de Paulo, o veremos debatendo com judeus, provando nas Escrituras que Jesus é o Cristo, e viajando aos cantos mais remotos do império para proclamar as Boas Novas aos gentios. Todavia, o encontraremos também na prisão de Filipos, com as costas marcadas de açoites, os pés e as mãos acorrentados, e, por mais contraditório que possa soar, com os lábios cheios de louvor (Atos 16.22-25). Todos estes são pregadores que perseveram diante dos problemas, mas que se submetem ao seu Senhor. A essa lista de profetas adoradores, podemos adicionar também um outro herói da fé, Jacó: "Pela fé Jacó, à beira da morte, abençoou cada um dos filhos de José e adorou a Deus, apoiado na extremidade do seu bordão." (Hebreus 11.21 – NVI).

Como seu pai Isaque, Jacó, influenciado por uma unção profética, também transferiu um legado de bênção aos seus descendentes. Diante da certeza do término de seus dias, ambos convocaram os seus filhos a fim de declarar realidades que se cumpririam na vida e na descendência deles. A fé os levou a declarar o que o Céu já estava declarando a respeito das próximas gerações. Assim, quando eles abriram a boca, foram um canal do Céu na Terra.

Porém, a palavra profética, por si só, não basta. Ela precisa ser acompanhada da fé do profeta: "Se alguém tem o dom de profetizar, use-o na proporção da sua fé." (Romanos 12.6b – NVI). Isso quer dizer que a sua manifestação não é um ato unilateralmente divino. Antes, Deus espera a nossa cooperação e interação nesse processo. Entretanto, vale lembrar: não somos operadores, mas cooperadores. A palavra profética, portanto, sempre virá de Deus. Todavia, precisamos crer no que Ele nos disse e declarar essa realidade sobrenatural no mundo natural.

Deus poderia transformar o vale de ossos secos em um exército sem a participação humana. Contudo, em Sua soberania, Ele escolheu se juntar ao homem para fazer isso. Por esse motivo, Deus conduziu o profeta Ezequiel ao vale e lhe perguntou: "[...] acaso, poderão reviver esses ossos?" (Ezequiel 37.3 – ARA). Então, após a interação de fé e submissão do profeta, em seguida, Deus lhe disse: "Profetize!". Deus é poderoso para, sozinho, trazer vida onde há morte. Porém, Ele se alegra e deseja usar as pessoas que creem, para declarar a sua Palavra e mudar as circunstâncias.

Sim, a bênção que Jacó liberou aos seus filhos se cumpriu. Todavia, além da declaração de fé, é importante percebermos o que ele fez em seguida. A Bíblia nos diz que: "Pela fé Jacó, à beira da morte, abençoou cada um dos filhos de José e **adorou a Deus**, apoiado na extremidade do seu bordão." (Hebreus 11.21 – NVI – grifo dos autores). Jacó precisou de fé para profetizar, mas foi também mediante sua fé que ele adorou a Deus. É por meio dela que abençoamos as criaturas que estão ao nosso redor e bendizemos ao Criador que governa sobre tudo o que existe. É verdade que abençoar pessoas é um ato de obediência a Deus e, portanto, pode ser considerado uma forma de adorá-lO, porém, precisamos enfatizar que Deus também nos convida para uma adoração pessoal e única. Práticas como oração, leitura bíblica e jejum devem ser feitas, em primeiro lugar, como formas de adorar a Ele de maneira exclusiva.

Por outro lado, aqui, vale lembrar que a linha de equilíbrio entre mantermos a Deus no trono ou colocarmos outras pessoas, coisas ou sonhos no lugar é muito tênue. Podemos honrar os nossos pais, mas nunca os adorar. Devemos amar os nossos filhos, porém jamais podemos torná-los nosso objeto de culto. Podemos sonhar com o casamento e com a nossa família futura, mas isso não pode se tornar o centro da nossa vida e felicidade. É fundamental servir e amar as pessoas à nossa volta, e até desejar e sonhar alto, mas nunca podemos nos esquecer do nosso único Rei. E é justamente esse tipo de adoração exclusiva que a atitude de Jacó indica. A palavra usada pelo autor de Hebreus para descrever essa adoração traz a ideia de alguém que se prostra, se inclina[1]. Ao inclinar-se sobre seu bordão, Jacó não estava demonstrando fraqueza, mas adorando ao Deus forte que transformou a sua vida e revelou fidelidade aos seus descendentes. Quando os súditos de um rei se prostram diante dele, estão declarando fisicamente que o rei é maior do que eles – e que eles estão ao seu serviço.

Portanto, ao se prostrar, Jacó nos ensina que quem está de pé é maior do que quem está ajoelhado. Por isso, o prostrado se submete a servir àquele a quem ele se inclinou. Isso significa que a fé nos leva a prostrarnos apenas diante de Deus. Problemas financeiros não merecem a nossa rendição. Enfermidades não merecem o abaixar de nossas cabeças. A fama não é digna de nossos joelhos dobrados. Porque através da fé nos prostraremos apenas diante do Rei dos reis. Quando enxergamos a Deus como O único a ser adorado, nossas vontades saem do centro da nossa vida. Dessa forma, somos conduzidos a uma obediência adoradora. Asaph

---

[1] STRONG, James. **Léxico Hebraico, Aramaico e Grego de Strong**. In app Olive Tree, Bible Study.

Borba, músico e adorador, costuma dizer que adoração não é um estilo de música, mas um estilo de vida.[2]

Tanto é verdade que, no primeiro momento em que a palavra "adoração" aparece na Bíblia, não há nenhuma menção a respeito de canções sendo entoadas. As Escrituras dizem: "E disse Abraão a seus moços: Ficai-vos aqui com o jumento, e eu e o moço iremos até ali; e havendo adorado, tornaremos a vós." (Gênesis 22.5). Abraão usa o termo "adoração" para definir sua ação de obediência a Deus ao sacrificar seu filho em holocausto no cume do monte. Ele não subiu ao monte com Isaque para entoar cânticos ou poemas. Mas para obedecer a Deus, em fé.

Entregar Isaque a Deus significava, para Abraão, entregar a si mesmo. A verdadeira adoração pressupõe entrega. Entretanto, para que essa entrega possa acontecer, primeiro, precisamos mudar os nossos valores. O problema dos nossos púlpitos, hoje, é que queremos que as pessoas deem o seu coração sem antes enxergar a Deus como tesouro. Jesus disse: "Porque onde estiver o vosso tesouro, aí estará também o vosso coração." (Mateus 6.21). Isso significa que somente o tesouro que nós valorizamos terá o nosso coração.

A compreensão do poder criador de Deus, Sua grandeza, eternidade e Seu amor gracioso, demonstrado

---

[2] BORBA, Asaph. **Adoração: Quando a Fé Se Torna Amor**. 1. ed. Belo Horizonte-MG: Editora RTM, 2012.

por meio de Cristo, têm que brilhar como revelação no coração de cada pessoa. Quanto mais compreendermos acerca do imensurável valor de Deus, mais facilmente entregaremos o nosso tempo, dinheiro, atenção e tudo o mais. Quanto mais revelação do Eterno, mais adoração e entrega de coração.

Jacó só se tornou Israel após ter tido um encontro com Deus. Saulo só se tornou Paulo depois da revelação de Cristo na estrada de Damasco. O menino Jeremias só deu lugar ao grande profeta após o Senhor ter falado com ele. Somente através da revelação da identidade de Deus que nascem adoradores.

Quando compreendemos o caráter de Deus e as Suas obras, não baseamos a nossa adoração no momento em que passamos. A adoração está ligada a quem Deus é, e não ao cenário à nossa volta. Por isso, a fé pode, e irá, nos levar a adorar no deserto, na prisão ou em uma cama prestes a morrer, como no caso de Jacó. Porque ela não leva em conta o lugar em que nós estamos, mas foca a sua atenção no Deus que está conosco em todas as circunstâncias.

Se tem algo que Deus está procurando na Terra são adoradores, não adoração (João 4.23). Não é o que fazemos, mas quem somos. Deus procura homens que, de fato, se prostrem diante do conhecimento de quem Ele é. Deus busca pessoas que abençoam os homens, mas que não deixam de se prostrar diante d'Ele.

Capítulo 10

USUFRUIR SEM PERTENCER

Quando nem os seus ossos ficarão no Egito

A Bíblia está repleta de paradoxos. Os últimos e os primeiros, os perdedores que vencem, os servos e filhos, os peregrinos e embaixadores. Como amantes da Palavra de Deus, não temos o direito de ignorar algumas dessas realidades e abraçar outras só porque essas dicotomias parecem contraditórias ao pensamento humano. Somos os primeiros, sendo os últimos. É perdendo que vencemos. Somos filhos no colo do Pai e servos do Seu propósito. Representamos o Reino de Deus na Terra, mas também somos peregrinos neste mundo. E se tem alguém que foi um paradoxo vivo, foi o herói da fé a quem decidimos nos apegar neste capítulo. Ele sofreu e prosperou, foi traído e promovido. Porém, no fim, viveu o sonho que recebeu do Céu. Como embaixador da vontade de Deus, usou a sua sabedoria e livrou da fome milhares de pessoas. Todavia, José foi citado nesta famosa galeria de Hebreus 11, não por tudo aquilo que alcançou, mas por sua postura de não querer pertencer à terra que o prosperou.

> Pela fé José, próximo da morte, fez menção da saída dos filhos de Israel, e deu ordem acerca de seus ossos. (Hebreus 11.22)

Hoje em dia, muitas pessoas têm fé para prosperar no Egito (que representa este mundo em que vivemos), para vencer obstáculos, alcançar uma posição de destaque, adquirir riquezas, contudo, sua fé está restrita apenas à prosperidade terrena. Porém, nessa lista de nomes, José não é destacado por sua prosperidade no Egito, e nem mesmo pelo cumprimento do propósito divino de salvar o seu povo da fome. O que o colocou em uma posição na galeria de Hebreus 11 foi o seu desejo de ter seus ossos enterrados na Terra Prometida, junto ao povo de Deus. José reconheceu a libertação e a bênção no Egito, mas teve o olhar voltado para uma terra que seus olhos ainda não tinham visto. Ele preferiu um enterro significante em Canaã do que uma memória magnificente no Egito. Ele viveu e morreu no Egito, mas nunca fez nenhuma dessas coisas como um egípcio.

O Egito, assim como o mundo, era um lugar inconstante, desafiador e temporário. No Egito, Abraão teve alimento em tempo de fome, mas foi nesse mesmo lugar que quase perdeu sua esposa (Gênesis 12.10-20).

No Egito, o povo de Israel teve provisão para a escassez, mas foi ali também que eles se tornaram escravos. O Egito foi lugar de juízo com as pragas, mas também onde o povo comeu o cordeiro, que é Cristo. Foi ali que o menino Jesus foi escondido por três anos para ser protegido da fúria de um rei. Entretanto, não foi naquela terra que o Messias morreu ao se entregar por cada um de nós. No Egito, José foi feito escravo, porém, nessa mesma nação, ele se tornou governador. José prosperou naquela nação, mas queria permanecer em uma terra que seus olhos ainda não tinham visto. Isso mostra que o Egito é um lugar por onde você tem que passar, mas nunca deve permanecer.

OLHOS NO CÉU, INFLUÊNCIA NA TERRA

Algo incrível a respeito da vida de José, é que com ele aprendemos que a fé tem poder não apenas para receber bênçãos de Deus que serão usufruídas na Terra. Porém, há um poder na fé para receber e usufruir sem se apegar ou pertencer. O homem ou mulher de fé pertence ao Céu. Sua motivação e comportamento na Terra são resultado da visão celestial. A Palavra diz:

> Portanto, já que vocês ressuscitaram com Cristo, procurem as coisas que são do alto, onde Cristo está assentado à direita de Deus. Mantenham o pensamento nas coisas do alto, e não nas coisas terrenas. (Colossenses 3.1-2 – NVI)

> [...] cujo fim é a perdição; cujo deus é o ventre; e cuja glória assenta no que é vergonhoso; os quais só cuidam das coisas terrenas. Mas a nossa pátria está nos céus, donde também aguardamos um Salvador, o Senhor Jesus Cristo. (Filipenses 3.19-20 –Almeida Revisada Imprensa Bíblica)

> Vocês se compadeceram dos que estavam na prisão e aceitaram alegremente o confisco dos próprios bens, pois sabiam que possuíam bens superiores e permanentes. (Hebreus 10.34 – NVI)

A nossa pátria é o Céu, por isso, somos convidados a pensar nas coisas celestiais e não terrenas. Lembrando-nos de nossos bens superiores e permanentes, que estão onde a traça e a ferrugem não consomem, teremos perseverança para lidar com as injustiças que acontecem na Terra. Quando decidimos viver para a nossa verdadeira pátria, o nosso comportamento no mundo se torna completamente diferente.

José governou o Egito, mas o Egito nunca o possuiu. Muitas pessoas têm fé para reinar em vida, mas deixam com que a vida deste mundo reine sobre elas. Creem nas conquistas, mas, ao final, são conquistadas por elas. Lideram o Egito, mas acabam escravos nele.

Salomão é o exemplo perfeito de alguém que recebeu de Deus riquezas, fama e poder, mas não teve uma fé capaz de usufruir sem pertencer. Diante de toda a glória que alcançou, se deixou ser dominado por aquilo que tinha: "Porque sucedeu que, no tempo da velhice de Salomão, suas mulheres lhe perverteram o coração para seguir outros deuses; e o seu coração já não era perfeito para com o Senhor seu Deus, como fora o coração de Davi, seu pai..." (1Reis 11.4). A fé que leva alguém a ser engrandecido por Deus também deve ser capaz de preservá-lo do veneno da grandeza. Deus procura por homens e mulheres de fé que sejam capazes de alcançar lugares altos sem se tornar moradores desses mesmos lugares.

Somente quem pensa no Céu é capaz de manter um coração puro em meio às conquistas. Apenas quem mantiver os olhos fixos na recompensa celestial conseguirá ser perseverante em meio às derrotas na Terra. Paulo foi apedrejado, chicoteado, zombado, preso, mas aguentou todo o sofrimento porque pensava na recompensa celestial:

> Combati o bom combate, terminei a corrida, guardei a fé. Agora me está reservada a coroa da justiça, que o Senhor, justo Juiz, me dará naquele dia; e não somente a mim, mas também a todos os que amam a sua vinda. (2 Timóteo 4.7-8 – NVI)

Em nossa trajetória, haverá muitos momentos nos quais seremos injustiçados, perseguidos e até mesmo rejeitados por pessoas, amigos, líderes ou familiares. Na vida, sempre passaremos por períodos de deserto em alguns momentos. Mas a única forma para suportar tudo isso é tendo uma visão clara de que Deus vê todas as coisas, justo para nos recompensar eternamente. Quem não está com o coração na justiça do Céu, ficará desanimado com a injustiça da Terra. Quem não possui uma fé inabalável no que é eterno, será abalado pelas flutuações deste mundo.

José não esmoreceu diante das injustiças, e nem se vendeu às conquistas. Ele não quis ser lembrado e nem colocado em um túmulo reservado para os governadores egípcios, mas na terra da promessa de Deus. A fé de José em Deus e em Suas promessas feitas a Abraão fez com que ele soubesse que o Egito não era o destino final do povo de Israel. Por isso, ao instruir seus irmãos a respeito do que fazer com os seus ossos, José lhes contou do livramento de Deus para com o povo de Israel antes mesmo de se tornarem escravos:

> Antes de morrer José disse a seus irmãos: "Estou à beira da morte. Mas Deus certamente virá em auxílio de vocês e os tirará desta terra, levando-os para a terra que prometeu com juramento a Abraão, a Isaque e a Jacó". E José fez que os filhos de Israel lhe prestassem um juramento, dizendo-lhes: "Quando Deus intervier em favor de vocês, levem os meus ossos daqui". (Gênesis 50.24-25 – NVI)

E José sabia disso porque o seu bisavô havia tido um encontro com Deus, feito uma aliança com Ele e escutado as seguintes palavras:

Então o Senhor lhe disse: "Saiba que os seus descendentes serão estrangeiros numa terra que não lhes pertencerá, onde também serão escravizados e oprimidos por quatrocentos anos. Mas eu castigarei a nação a quem servirão como escravos e, depois de tudo, sairão com muitos bens. Você, porém, irá em paz a seus antepassados e será sepultado em boa velhice. Na quarta geração, os seus descendentes voltarão para cá, porque a maldade dos amorreus ainda não atingiu a medida completa". (Gênesis 15.13-16 – NVI)

As palavras e promessas de Deus foram transmitidas de geração a geração. Em razão disso, José sabia que o Senhor levaria a sua descendência para a Terra Prometida e decidiu que não queria ser lembrado no Egito, mas eternizado em Canaã. É verdade que todos nós, assim como José, devemos deixar as marcas do Céu na Terra. Contudo, a nossa fama deve ser maior nos Céus do que entre os homens. Na realidade, muitas coisas populares na Terra são impopulares no Céu. A Terra apedrejou Estêvão, mas o Céu estava de pé para honrá-lo. A Terra levou Paulo à morte, mas o Céu o coroou de vida. A religião da honra terrena chama Jesus de Belzebu, mas o Pai celestial O chama de Filho amado. Muitas vezes, o que o mundo rejeita, o Céu aplaude.

É maravilhoso perceber que, no local onde os ossos de José foram enterrados, a mulher samaritana foi ressuscitada (Josué 24.32; João 4.5). Através das promessas eternas, vidas serão tocadas por toda a eternidade. Nesta Terra onde homens e mulheres de fé são enterrados, há uma semente de vida sendo plantada. Quando um morto caiu no local onde estavam os ossos de Eliseu, ele ressuscitou (2 Reis 13.21). Vença no Egito como José, mas se recuse a ter o Egito em você. Cumpra o seu propósito no mundo, mas lembre-se sempre de que seu destino não termina aqui. Sua pátria é celestial.

Capítulo 11

DE PRÍNCIPE A ESCRAVO

O caminho da santidade que leva ao sobrenatural

Imagine uma cena em que um ser humano tenta fazer com que uma formiga o entenda. Ele balança as mãos e fala mais alto, porém, ainda assim, a formiga não interage com ele. E mesmo após algum tempo e esforço da parte daquela pessoa, não consegue fazer com que a formiga se volte para ela. Até que um famoso cientista lhe oferece a oportunidade de transformá-lo em formiga. Entretanto, para isso, ela teria que abdicar de seus privilégios como humano. O engraçado é que o que parece pura ficção científica, na verdade, já aconteceu. De uma forma um pouco diferente, mas aconteceu.

No século XVII, a História nos conta que dois jovens moravianos, de vinte anos de idade, ouviram falar de uma ilha no leste da Índia, onde três mil africanos trabalhavam como escravos para um agricultor britânico ateu, dono da ilha. Ao escutarem esses relatos, o coração dos jovens se contorceu só de imaginar que todas aquelas pessoas passariam o resto de suas vidas confinadas naquela ilha sem jamais terem a oportunidade de ouvir sobre o amor do Pai. Então, ambos fizeram contato com o dono da ilha e perguntaram se poderiam ir para lá como missionários. Imediatamente, o dono respondeu: "Nenhum pregador ou clérigo chegará a essa ilha para falar sobre essas coisas sem sentido". Neste ponto, a maioria de nós desistiria. Entretanto, para eles, essa resposta foi a motivação necessária para tomarem a decisão mais difícil de suas vidas: venderem-se como escravos. Eles poderiam suportar o fato de viverem confinados naquela ilha pelo resto de seus dias, mas jamais suportariam saber que tantas almas morreriam sem salvação. O valor da venda pagou a viagem até a ilha e, depois disso, ninguém mais teve notícias dos dois[1].

O preço que esses jovens pagaram foi a abdicação de uma condição de privilégios por uma condição limitada. Os humanos que decidiram se tornar formigas. Homens livres que se fizeram escravos por amor. Contudo, apesar dessa história ser uma linda prova de amor e entrega,

---

[1] **Os moravianos se venderam como escravos para libertarem vidas para Deus!** Radar Missionário. *http://www.radarmissionario.org/os-moravianos-se-venderam-como-escravos-para-libertarem-vidas-para-deus/*. Acesso em maio de 2019.

felizmente, ela não é a única. Na verdade, em toda a Palavra de Deus é possível encontrarmos indivíduos que abdicaram de seus confortos e certezas para viver os planos do Senhor e servir outras pessoas. E talvez um dos melhores exemplos disso seja Moisés: "Pela fé Moisés, **sendo já grande**, recusou ser chamado filho da filha de Faraó..." (Hebreus 11.24 – grifo dos autores).

Para libertar o povo de Israel da escravidão, o príncipe do Egito precisou se tornar um escravo. Não por obrigação, mas por escolha: "**Escolhendo antes** ser maltratado com o povo de Deus, do que por um pouco de tempo ter o gozo do pecado." (Hebreus 11.25 – grifo dos autores). A escolha de abandonar algo que o mundo considerava importante, para ser maltratado por ele, só foi possível por causa deste instrumento chamado fé.

A fé altera valores terrenos. Ela chama o tesouro da Terra de miséria eterna. E batiza de riqueza o que o mundo considera lixo. A fé modifica valores e, por isso, muda comportamentos: "Por amor de Cristo, considerou a desonra riqueza maior do que os tesouros do Egito, porque contemplava a sua recompensa." (Hebreus 11.26 – NVI). Isso nos leva a entender que a fé nos conduz a um importante princípio chamado santidade, já que ela acredita tanto que aquilo que Deus diz é certo e valioso, que considera tudo o que for contrário aos valores divinos como errado e sem valor. Por isso, é impossível ser santo sem fé.

Como filho da filha de Faraó, Moisés era neto da autoridade mais importante, da nação mais poderosa, de seu tempo. O Egito era a principal potência econômica e política de sua época, isso sem falar nos seus avanços científicos e culturais, aos quais Moisés foi exposto durante sua formação acadêmica (Atos 7.22). Educação de primeira linha, um palácio como lar, banquetes com as melhores iguarias e o favor da mais alta autoridade. Moisés abriu mão de tudo isso para se tornar genro de um pastor de ovelhas, morar em um deserto, liderar um povo que tinha a escravidão como profissão e viver da porção de maná que caía diariamente.

A santidade abre mão do que o mundo valoriza para abraçar o que é desprezado por ele. Esse tipo de postura costuma acarretar em perseguição e afronta, afinal, a tendência do mundo é rejeitar os que o rejeitam. Mas o exemplo de Moisés nos mostra que não precisamos nos preocupar com isso: "Pela fé deixou o Egito, não temendo a ira do rei; porque ficou firme, como vendo o invisível." (Hebreus 11.27). Portanto, é apenas pela fé que, além de rejeitarmos o mundo, seremos capazes de não temer a sua rejeição.

O Egito não aplaudiu as escolhas de Moisés. Na realidade, o mundo que um dia ele havia abraçado, a partir do momento em que se posicionou, passou a querer matá-lo. E isso não ocorreu apenas na nação egípcia, mas acontece ainda hoje. Quando uma pessoa decide não ter relações sexuais antes do casamento, parar de beber ou abandonar a maledicência, ela está rejeitando um padrão mundano. Consequentemente, o mundo a tratará como inimigo. E é neste momento que muitos santos fraquejam. Eles rejeitam o mundo, mas não conseguem lidar com a rejeição deste para com eles. Dessa forma, alguns adulteram quando zombados por causa de sua fidelidade. Outros se tornam desonestos quando são desprezados por sua honestidade. Há, inclusive, quem abandone a fé em Cristo depois de ser ridicularizado pelo que crê. A opinião pública pode fazer santos virarem profanos. O próprio apóstolo Paulo alertou dizendo que, se ele ainda procurasse agradar aos homens, não seria servo de Cristo (Gálatas 1.10). A popularidade pode nos tirar a santidade. Querer ser aceito e bem tratado pode ser o início de uma vida pecaminosa. Assim, a santidade reside em agradar apenas uma pessoa: Deus.

Agir com os valores do Reino de Deus pode até trazer a rejeição terrena, porém, certamente trará a aprovação divina. E, quando isso acontece, recebemos favor do Senhor e céus abertos para viver o sobrenatural do Reino dos Céus, que está disponível para nós ainda nesta Terra. Enquanto os primogênitos do Egito morriam, o sangue do Cordeiro pascal protegia a casa dos israelitas. Quem vive pelo Reino do Céu terá a Sua proteção. E não apenas isso, mas toda a sorte de milagres, assim como Moisés e o povo de Israel experimentaram. O mar Vermelho se abriu diante deles fazendo com que mais de um milhão de pessoas passassem com os pés secos. Durante todos os anos no deserto, as roupas e sandálias de todo o povo não se desgastaram, e eles recebiam comida do céu diariamente. A estrada da santidade também é a direção do sobrenatural. O caminho que o mundo persegue também é aquele que leva aos milagres. Mas este só pode ser trilhado por aqueles que têm fé. Por esse motivo, quando os egípcios tentaram atravessar a passagem criada no meio do mar, afogaram-se. O caminho que libertou um povo foi a destruição de outro. O mundo, muitas vezes, quer viver os milagres de Deus sem percorrer o caminho de Deus. Quer viver o sobrenatural sem a fé que leva à santidade. Porém, nesse caso, é um caminho de morte.

  Moisés abandonou o Egito e escolheu ser maltratado com o povo de Israel sem temer a retaliação de Faraó, porque tinha em vista a recompensa. Em razão disso, ele andava como alguém que vê o que é invisível. Os prazeres momentâneos do mundo contemporâneo não se comparam ao prêmio eterno que receberemos na glória. Embora nossos olhos não o vejam hoje, precisamos permanecer como aqueles que enxergam o invisível. Só a fé faz alguém se manter com os olhos fixos no que não se pode ver, caminhando de forma santa no mundo atual. Quem vê o invisível será protagonista do sobrenatural no mundo visível.

Capítulo 12

A FÉ DA PROSTITUTA

Abrace o que vem de Deus e Ele abraçará você

Os patriarcas. O governador. O libertador. Homens que tiveram encontros marcantes com Deus, viram o Mar Vermelho se abrir, triunfaram sobre seus inimigos, celebraram a Páscoa e carregavam em seu próprio corpo a marca da aliança com Deus: a circuncisão. A Carta aos Hebreus contempla todos esses heróis da fé. Uma vez que foi escrita para o povo hebreu, entendemos por que, na hora de listar exemplos, o autor desta epístola escolheu figuras tão marcantes na história desse povo.

Entretanto, no meio dessa lista enorme de personagens, uma mulher chama a atenção. Isso, porque além de gentia, ou seja, de não pertencer ao povo de Israel, ela era uma prostituta. E então surgem as dúvidas: o que uma pessoa que vende o próprio corpo está fazendo em uma lista que contém um libertador de Israel? O que uma meretriz está fazendo ao lado do pai da fé? O que ela fez para ser um dos destaques dessa galeria?

A Palavra nos diz que:

> Pela fé a prostituta Raabe, por ter acolhido os espiões, não foi morta com os que haviam sido desobedientes. (Hebreus 11.31 – NVI)

Raabe morava em Jericó, a primeira cidade no trajeto rumo à Terra Prometida, e que, portanto, deveria ser invadida pelo povo de Israel. A Palavra nos revela que Josué, com o intento de conhecer melhor aquela terra, decidiu enviar dois espias a Jericó. Porém, o rei da cidade, ao desconfiar dos dois homens, mandou procurá-los. Assim que chegaram à cidade, os dois estrangeiros conheceram Raabe, que, tecnicamente, deveria ser inimiga deles. Entretanto, ela escolheu crer em Deus, além de esconder e proteger aqueles homens. Raabe entendeu que, sem a misericórdia do Eterno, ela pereceria juntamente com o seu povo. E este é o primeiro sinal que fez uma prostituta se tornar uma heroína da fé. Raabe não só sabia que o seu povo seria derrotado, como também cria nisso: "[...] e lhes disse: 'Sei que o Senhor lhes deu esta terra. Vocês nos causaram um medo terrível, e todos os habitantes desta terra estão apavorados por causa de vocês'." (Josué 2.9 – NVI).

A fé que acolhe a Palavra é aquela que reconhece que, sem Deus, a derrota é certa. Pode parecer estranho, mas a verdade é que a fé genuína começa com a certeza da derrota. Um escravo, para ser liberto, precisa primeiro reconhecer que está sendo escravizado. Um perdido precisa perceber que está perdido para se permitir ser encontrado. Um pecador necessita reconhecer seu pecado para ser salvo. A fé de Raabe nos ensina que, para abrigar e preservar a Palavra, precisamos reconhecer que não somos nada sem Deus. Essa convicção nos faz receber a Palavra do Senhor como a única solução para a nossa vida. Se Raabe acreditasse na força da muralha, na estratégia do seu líder ou no poder do exército de Jericó, ela não teria acolhido em paz os espias. Quando achamos que, em nós mesmos, temos como nos salvar, não acreditamos na salvação que vem de Deus. Quando cremos que o nosso próprio esforço é suficiente para conseguir a provisão, não buscamos o Jeová-Jiré. A fé que leva você para a vitória começa com a convicção da sua própria derrota.

Ao reconhecermos que não somos nada sem Deus, acolheremos o que vem d'Ele. Raabe tratou bem os espias porque considerava que estaria morta sem a ajuda deles. Hoje, precisamos acolher não os espias, mas a Palavra de Deus. Devemos recebê-la com a consciência de que, sem ela, nós iremos perecer.

"Acolher" significa: "segurar, pegar, receber, conceder acesso, dar ouvidos a, abraçar, tornar próprio de alguém"[1]. Muitos, hoje em dia, têm ouvido a Palavra,

---

[1] STRONG, James. **Léxico Hebraico, Aramaico e Grego de Strong**. In app Olive Tree, Bible Study.

mas não a têm acolhido. A escutam, mas não a abraçam. Ouvem, porém não seguram a Verdade. Eles possuem a Palavra, porém esta não os possui. Escutam a Verdade, mas não a tomam como uma verdade pessoal. Ao acolher os espias, Raabe estava alinhando a sua própria história com a História do povo de Israel. No momento em que ela acolheu e escondeu aqueles homens, clamou por misericórdia, e pediu para que nem ela nem sua família fossem mortas. Então, os espias lhe deram uma estratégia muito interessante:

> Os homens lhe disseram: "Estaremos livres do juramento que você nos levou a fazer se, quando entrarmos na terra, você não tiver amarrado este cordão vermelho na janela pela qual nos ajudou a descer, e se não tiver trazido para a sua casa o seu pai e a sua mãe, os seus irmãos e toda a sua família. Qualquer pessoa que sair da casa será responsável por sua própria morte; nós seremos inocentes. Mas, seremos responsáveis pela morte de quem estiver na casa com você, caso alguém toque nessa pessoa. E se você contar o que estamos fazendo, estaremos livres do juramento que você nos levou a fazer". "Seja como vocês disseram", respondeu Raabe. Assim ela os despediu, e eles partiram. Depois ela amarrou o cordão vermelho na janela. (Josué 2.17-21 – NVI)

Essa estratégia é muito semelhante àquela que Deus tinha dado ao povo de Israel para proteger seus primogênitos da morte no Egito. Deus os ordenou que colocassem o sangue do cordeiro pascal nos umbrais das portas. Assim, quando o anjo da morte passasse e visse o sangue na entrada da casa, ele não entraria. Haveria preservação da vida onde houvesse a marca do sangue.

A fé de Raabe, capaz de acolher os espias e colocar a sua própria vida em risco, deveria, a partir daquele instante, ser exercida para confiar que aquele sinal era suficiente para a salvação. O cordão vermelho, da mesma forma que o sangue do cordeiro na porta, simboliza a graça de Deus. Quem merecia morrer, por meio da graça de Deus, viverá. A fé genuína cresce muito quando é colocada sobre a graça. Quando entendemos que não merecemos, mas decidimos crer no favor imerecido que Deus nos oferece, avançamos em viver o melhor do Senhor.

No Novo Testamento, Jesus elogiou a grande fé de uma mulher que, como Raabe, não era judia. A mulher cananeia, que tinha sua filha terrivelmente endemoninhada, clamou ao Senhor Jesus, que, de forma direta e bem clara, respondeu que ela não tinha parte na herança dos filhos de Israel. Logo, não merecia receber coisa alguma do Rei dos judeus. Ao ser comparada por Jesus com uma simples cachorrinha na casa de uma família, ela não hesitou em sua fé, mas creu na graça de Deus, que é capaz de alcançar até mesmo os que não merecem.

A mulher cananeia sabia que não merecia, mas cria tanto na bondade de Cristo que tinha certeza de que Ele lhe deixaria pelo menos uma migalha milagrosa. Assim é a fé: a pessoa sabe que não é digna, mas confia na extrema bondade de Deus. A graça é o alicerce onde a fé pode avançar para além dos limites do mérito. Diversas pessoas, quando se veem indignas, recuam e param de clamar. O problema é que elas fazem do seu mérito a base da sua fé, por isso a ausência do merecimento as conduz à incredulidade.

É incrível perceber que Raabe e sua família, confiantes na graça de Deus, estavam protegidas da morte, mesmo permanecendo na muralha que estava prestes a ruir. A fé não nos livra apenas do problema, mas também quando estamos dentro dele. Muitos perdem a fé porque não ficaram livres de certa aflição. Desanimam diante da dificuldade, pois acham que a fé falhou. Por outro lado, perceba: Deus não livrou Daniel da cova, mas o protegeu dos leões dentro dela. Sadraque, Mesaque e Abednego não foram livres da fornalha, mas o fogo não os queimou quando eles foram lançados lá. Deus não nos promete um caminho livre de vales da sombra da morte, porém nos garante que a Sua presença sempre estará conosco:

> Quando você atravessar as águas, eu estarei com você; e, quando você atravessar os rios, eles não o encobrirão. Quando você andar através do fogo, você não se queimará; as chamas não o deixarão em brasas. (Isaías 43.2 – NVI)

Por isso, creia que, quando mil caírem ao seu lado e dez mil a sua direita, você não será atingido. Quando a muralha estiver caindo, a sua casa estará de pé. A fé que lhe faz viver milagres é também um escudo que lhe protege de dardos inflamados do maligno.

Raabe cria na proteção divina, porque estava confiante de que o Deus de Israel era quem agia na Terra. Tanto é que disse aos espias: "Quando soubemos disso, o povo desanimou-se completamente, e por causa de vocês todos perderam a coragem, pois o Senhor, o seu Deus, é Deus em cima nos céus e embaixo na terra." (Josué 2.11 – NVI). A convicção daquela mulher não estava apenas em sua derrota, mas na intervenção de Deus na Terra. Ela acolheu os espias, porque sabia que o Senhor não era apenas um Deus assentado no céu e inerte na vida das pessoas. Pode parecer brincadeira, mas uma prostituta parece ter mais fé que muitos crentes da atualidade. Estes, até dizem acreditar no Céu e afirmam que um dia morarão lá. Creem que Deus tem o Seu Reino celeste e, lá, faz a Sua vontade. Entretanto, quando a questão é uma intervenção no trabalho ou uma conquista financeira, eles esmorecem. Para eles, o Senhor é Deus apenas em cima nos Céus.

Todavia, o nosso Deus é Aquele que faz descer fogo do Céu na Terra. Faz chover maná celeste no solo terreno. Coloca o arco íris como sinal da aliança que vai dos Céus até a Terra. É Aquele que manda o seu Filho para se tornar carne e salvar os homens. E, então, envia o Seu Espírito para habitar naqueles que salvou. A Bíblia é a história de um Deus celestial que interage com a Terra. Ele não nos criou e depois abandonou. Na verdade, o Senhor até nos ensinou a orar para que o Seu Reino viesse e Sua vontade fosse feita aqui na Terra como é feita no Céu.

Quando Israel conquistou Jericó, a gentia Raabe foi acolhida pelo povo de Deus. Quando abraçamos o que vem d'Ele, Deus nos abraça. Seu abraço é tão forte que essa prostituta não entrou apenas para a galeria dos heróis da fé, mas também para a genealogia do Rei dos reis e Senhor dos senhores: "Salmom gerou Boaz, cuja mãe foi Raabe; Boaz gerou Obede, cuja mãe foi Rute; Obede gerou Jessé; e Jessé gerou o rei Davi..." (Mateus 1.5-6 – NVI). Jesus, o filho de Davi, tem em Sua árvore genealógica uma prostituta que acreditou em sua própria derrota e ousou crer na graça de Deus. Quem acolhe o que é de Deus corre o risco de fazer parte da História de salvação da humanidade.

Capítulo 13

HERÓIS ANÔNIMOS

Quando viver pela fé é morrer pela fé

Noé se embriagou com o fruto da vide. Abraão mentiu sobre Sara. Esta, por sua vez, riu da promessa. Isaque foi desonesto sobre Rebeca. Jacó foi um enganador. Moisés matou um egípcio. Raabe era uma prostituta. O que todos eles têm em comum? Erros em sua história. Nenhum deles era especial por sua ficha limpa, mas por sua fé em um Deus perfeito. O interessante é que o escritor de Hebreus não enfatizou as pessoas em si, mas a fé que cada uma delas possuía. Calvino declara sobre eles que: "Ainda que a fé seja imperfeita e incompleta, ela não cessa de ser aprovada por Deus"[1].

E foi por intermédio dessa fé que os antigos tiveram inúmeras conquistas:

---

[1] CALVINO, João. **Comentário de Hebreus**. 2012. São Paulo: Editora Fiel, p.521.

> Os quais pela fé conquistaram reinos, praticaram a justiça, alcançaram o cumprimento de promessas, fecharam a boca de leões, apagaram o poder do fogo e escaparam do fio da espada; da fraqueza tiraram força, tornaram-se poderosos na batalha e puseram em fuga exércitos estrangeiros. Houve mulheres que, pela ressurreição, tiveram de volta os seus mortos. (Hebreus 11.33-35a – NVI)

Se com uma fé imperfeita eles puderam fazer tudo isso, nós também podemos. O profeta Elias era um homem sujeito às mesmas paixões que nós, mas, através de sua fé, o céu reteve e liberou a chuva (Tiago 5.17-18). Por muito tempo, ficamos focados demais em nossos defeitos. Em vez disso, devemos desenvolver a nossa fé para que Deus seja exaltado apesar das nossas falhas.

Contudo, após relatar sobre homens e mulheres que viveram sinais e livramentos milagrosos, o autor de Hebreus passa a nos contar a respeito de pessoas anônimas que experimentaram a morte por causa de sua fé:

> Alguns foram torturados e recusaram ser libertados, para poderem alcançar uma ressurreição superior. Outros enfrentaram zombaria e açoites, outros ainda foram acorrentados e colocados na prisão, apedrejados, serrados ao meio, postos à prova, mortos ao fio da espada. Andaram errantes, vestidos de pele de ovelhas e de cabras, necessitados, afligidos e maltratados. O mundo não era digno deles.

Vagaram pelos desertos e montes, pelas cavernas e grutas. (Hebreus 11.35b-38)

Existe um nível de fé para receber vitórias, e um outro patamar, ainda mais elevado, para zombar da morte. A mesma fé que é capaz de abraçar um filho nascido no tempo da velhice, pode levar um jovem a abraçar a morte por amar a Deus acima de todas as coisas. Nem todos os homens e mulheres de fé viverão todas as promessas que poderiam na Terra, pois, sendo surpreendidos pela perseguição, abrirão mão da vida terrena para viver a plenitude do Céu.

PROPÓSITO MAIOR QUE A VIDA

Para sermos testemunhas de Cristo, precisamos estar dispostos a comprometer a nossa vida. Um embaixador do Reino dos Céus pode se tornar um mártir, já que, para nós, o testemunho deve ser mais importante do que a própria vida. Foi justamente isso que próprio apóstolo Paulo declarou em Atos:

> Todavia, não me importo, nem considero a minha vida de valor algum para mim mesmo, se tão-somente puder terminar a corrida e completar o ministério que o Senhor Jesus me confiou, de testemunhar do evangelho da graça de Deus. (Atos 20.24 – NVI)

Repare como Paulo considera o testemunho do seu ministério mais precioso do que a sua própria vida. O propósito do apóstolo era mais importante do que sua própria existência. Paulo também declarou que o morrer era lucro, mas que sua vida na Terra abençoava pessoas, e por isso, com o propósito de testemunhar a Cristo, ele preferia deixar o lucro para depois (Filipenses 1.21-25). Agora, se o propósito de abençoar pessoas não pudesse mais ser realizado, Paulo abraçaria o lucro da morte.

Hoje em dia, diversas pessoas amam mais as suas vidas do que o seu propósito. É por esse motivo que escolhem o conforto de casa, e não o sofrimento do campo missionário. Preferem o luxo de ter o que sonharam em vez de socorrer os que necessitam. Optam só pela companhia dos amigos para não se exporem ao desprezo dos incrédulos. É amando a própria vida que muitos estão perdendo o propósito. Por qualquer proposta que traga conforto à carne, estão abandonando o alvo.

Paulo só cumpriu o seu propósito, porque não considerava a sua vida preciosa. Isso nos ensina também que o inverso é verdade. Quando a nossa vida é preciosa, o nosso propósito é descartável. O nosso Senhor é um Deus de propósitos. Sim, é verdade que Ele prospera, porém o Seu maior objetivo não é a prosperidade de seus filhos, mas o testemunho de Cristo a todos (2 Coríntios 9.11-13). O propósito é maior do que as bênçãos. É por isso que Paulo, em vez de ser rico, tornou-se um mártir. Essa é a razão pela qual Estevão não foi poupado do apedrejamento, todavia, o seu testemunho permanece vivo. É em razão disso que Jeremias não bajulou o rei e preferiu ser preso do que deixar de proclamar a Palavra de Deus.

E é esse o motivo pelo qual o texto de Hebreus diz:

> [...] uns foram torturados, não aceitando o seu livramento, para alcançarem uma melhor ressurreição... (Hebreus 11.35)

A vida eterna com Deus e o cumprimento do seu propósito eram mais importantes para esses heróis da fé anônimos do que terem um livramento milagroso. Wycliffe declarou que: "para os verdadeiros crentes, viver pela fé é morrer pela fé"[2]. Se a minha fé não é mais importante que a minha vida, não vale a pena viver por ela.

Na verdade, a fé cristã está alicerçada em um mártir. Jesus viveu mais para o Seu propósito do que para Si mesmo. Apesar de ser aceito em Seu lar, escolheu ser Aquele que não tinha onde reclinar a cabeça. Embora fosse um carpinteiro, escolheu largar a Sua profissão. Preferiu beber do cálice do sofrimento a desobedecer ao Pai. Ele fazia a vontade de Deus Pai e não a Sua. A fé nos leva a um desapego da nossa própria vontade.

---

[2] **Bíblia de Estudo Plenitude.** Barueri-SP: Sociedade Bíblica do Brasil. 2001.p. 1293.

Por incrível que pareça, o nosso desejo passa a ser agradar a Deus e fazer o que Ele quer, mesmo que isso nos desagrade.

Embora para alguns isso pareça muito difícil, para os que creem, isso se torna um prazer. Porque, na realidade, a fé se transformou em amor. Amamos tanto a Deus que obedecê-lO se transformou em um jugo leve e suave. O amor não procura os seus próprios interesses. Ele está preocupado em agradar aquele a quem ama. Jesus amava o Pai. Por isso, cumprir a Sua vontade era mais importante do que a Sua própria vida. Ele podia ter escolhido ser um filósofo no mundo grego. Poderia ter bajulado os fariseus e se tornado um ícone religioso. Poderia até mesmo ter optado pela fama junto às multidões. Mas escolheu a cruz, porque considerou que o Seu propósito era maior do que a Sua própria vida.

De primeira, podemos pensar que esses heróis anônimos não foram livres de suas celas e foram mortos como ladrões, porque não eram dignos das bênçãos deste mundo. Todavia, o escritor da carta aos Hebreus inverte essa ideia. A verdade é que o mundo não era digno deles. Algumas pessoas se sentem honradas ou dignas quando são aplaudidas pelo mundo, quando têm dinheiro em sua conta bancária ou o carro do ano. Porém, não são essas coisas que nos trazem dignidade, e sim o que fazemos com tudo isso. O mundo, muitas vezes, pode não aceitar a mensagem do Evangelho, chegando ao ponto de perseguir e até mesmo querer matar os que são testemunhas de Cristo. Mas é justamente a sua fé e entrega total que validam o seu testemunho, provando mais uma vez o quanto o mundo não é digno dessas pessoas.

Portanto, mesmo ainda vivendo neste mundo, devemos estudar, ouvir e nos apegar à Palavra de Deus. Pois é ela que constrói homens e mulheres que vivem pela fé, afinal, a nossa crença vem pelo ouvir, e ouvir a Palavra de Deus. Ofertar, andar com Deus, preparar-se, obedecer, receber, declarar, adorar, acolher. Atitudes como essas, que vimos na vida desses homens e mulheres de fé, também podem se manifestar através de nós. Milagres, prodígios e o sobrenatural podem fazer parte de nossa história. Nossa convicção deve transformar o nosso comportamento a tal ponto que o propósito divino será mais importante que a nossa vida. E uma vez que isso seja uma realidade, a galeria dos heróis da fé tem um lugar reservado para você:

> Portanto, também nós, uma vez que estamos rodeados por tão grande nuvem de testemunhas, livremo-nos de tudo o que nos atrapalha e do pecado que nos envolve, e corramos com perseverança a corrida que nos é proposta, tendo os olhos fitos em Jesus, autor e consumador da nossa fé. Ele, pela alegria que lhe fora proposta, suportou a cruz, desprezando a vergonha, e assentou-se à direita do trono de Deus. (Hebreus 12.1-2 – NVI)

Parte III

CRESCER E PERMANECER

Capítulo 14

ACADEMIA DA FÉ

Até os fracos podem se tornar fortes

Espelhos por todos os lados, música alta, pessoas com roupas leves, tatames, halteres e aparelhos por todo o espaço. Bíceps, tríceps, abdutor, peitoral e costas; todos os músculos são trabalhados. Mas o que muitas pessoas não sabem é que ninguém vai a uma academia para adquirir músculos. O propósito é desenvolver e não ganhar, potencializar e não criar. Isso, porque até mesmo o mais franzino dos homens já possui músculos capazes de crescer.

Seria um erro um jovem franzino afirmar que não tem músculos após se deparar com um brutamonte musculoso. Da mesma forma, é um erro um cristão afirmar que não tem fé ao encontrar alguém com uma grande fé. Talvez, ao estudar a vida de todos esses heróis da fé, sua mente tenha lhe conduzido a um autoexame cuja conclusão é que você não tem fé. Contudo, Deus deu a todo crente o músculo da fé:

> Porque pela graça que me é dada, digo a cada um dentre vós que não pense de si mesmo além do que convém; antes, pense com moderação, conforme a medida da fé que Deus repartiu a cada um. (Romanos 12.3)

Não é **uma** medida da fé, e sim **a** medida da fé. Se o artigo utilizado fosse "uma", seria uma medida indefinida, indicando que Deus deu diferentes porções de fé para cada um. Entretanto, o artigo "a" é definido, ou seja, a proporção dada foi a mesma para cada pessoa. Ou seja, assim como todo homem possui músculos, todo crente possui fé.

É evidente que algumas pessoas desenvolvem mais a fé que têm, e outras preferem permanecer sedentárias e confortáveis na cama do comodismo. É por essa razão que a Bíblia nos mostra pessoas de pequena fé e pessoas de grande fé.

PEQUENA FÉ

É interessante o fato de que a expressão "pequena fé" é usada por Jesus fazendo referência aos seus discípulos. Homens que, por sua caminhada, vivência diária e experiência prática, já deveriam possuir uma grande fé.

E eis que no mar se levantou uma tempestade, tão grande que o barco era coberto pelas ondas; ele, porém, estava dormindo. E os seus discípulos, aproximando-se, o despertaram, dizendo: Senhor, salva-nos! que perecemos. E ele disse-lhes: Por que temeis, homens de pouca fé? Então, levantando-se, repreendeu os ventos e o mar, e seguiu-se uma grande bonança. E aqueles homens se maravilharam, dizendo: Que homem é este, que até os ventos e o mar lhe obedecem? (Mateus 8.24-27)

Curiosamente, tempestades parecem ser um meio pelo qual é revelado o tamanho da nossa fé. Adversidades separam crianças de adultos nesse aspecto. O evangelista Marcos, por exemplo, destaca algo na fala dos discípulos: "Mestre, não te importa que pereçamos?" (Marcos 4.38b – ARA). Pessoas de pequena fé são aquelas que, em meio aos problemas, acham que Deus não se importa com elas. Isso quer dizer que têm Jesus no barco de sua história, mas ainda assim se desesperam com os problemas. Perceba, o amor faz parte do caráter de Deus, e o amor se importa. Ao questionarem a aparente indiferença de Jesus, eles estavam duvidando do Seu caráter. Ignorância sobre o caráter de Cristo e desespero em meio aos problemas revelam a pequenez da fé.

Em Mateus 6, diz:

Pois, se Deus assim veste a erva do campo, que hoje existe, e amanhã é lançada no forno, não vos vestirá muito mais a vós, homens de pouca fé? Não andeis, pois, inquietos, dizendo:

> Que comeremos, ou que beberemos, ou com que nos vestiremos? Porque todas estas coisas os gentios procuram. Decerto vosso Pai celestial bem sabe que necessitais de todas estas coisas... (Mateus 6.30-32)

Quando um crente anda preocupado e ansioso com o que há de comer, beber e vestir, isso significa que ele tem pouca fé. Observe que essas três coisas são necessidades básicas do ser humano. Qualquer pai sabe as necessidades fundamentais de seus filhos, e não só isso, mas também as providencia antes que eles sintam a falta delas. Bons pais chegam a fazer estoques de fraldas, papinha, leite e roupinhas. É por isso que, para combater a ansiedade e preocupação, Jesus recorre ao caráter do Pai. "Decerto vosso Pai celestial bem sabe que necessitais de todas estas coisas". Não conhecer o Pai e andar ansioso com as necessidades são características de uma fé pequena.

Uma outra passagem que nos ensina a respeito disso é Mateus 16:

> E Jesus disse-lhes: Adverti, e acautelai-vos do fermento dos fariseus e saduceus. E eles arrazoavam entre si, dizendo: É porque não trouxemos pão. E Jesus, percebendo isso, disse: Por que arrazoais entre vós, homens de pouca fé, sobre o não terdes trazido pão? Não compreendeis ainda, nem vos lembrais dos cinco pães para cinco mil homens, e de quantas alcofas levantastes? (Mateus 16.6-9)

Nesses versículos, Jesus estava advertindo os seus discípulos acerca do fermento da hipocrisia dos fariseus, enquanto eles achavam que a questão era o pão que não tinham levado. O Mestre falava de algo espiritual, mas eles estavam atentos apenas ao natural. Pessoas de pouca fé estão mais concentradas nas questões naturais da vida do que em aspectos espirituais. Jesus adverte também sobre a falta de compreensão e de memória a respeito da recente multiplicação de pães e peixes. Não compreender a essência e a grandeza de um milagre, além de não lembrar da provisão abundante e sobrenatural, pode ser a raiz de uma pequena fé.

Por outro lado, é importante ressaltar também que isso não significa que uma fé pequena não seja capaz de realizar grandes feitos:

> E ele disse: Vem. E Pedro, descendo do barco, andou sobre as águas para ir ter com Jesus. Mas, sentindo o vento forte, teve medo; e, começando a ir para o fundo, clamou, dizendo: Senhor, salva-me! E logo Jesus, estendendo a mão, segurou-o, e disse-lhe: Homem de pouca fé, por que duvidaste? E, quando subiram para o barco, acalmou o vento. (Mateus 14.29-32)

Pedro andou alguns passos sobre as águas, assim como Jesus. O fato de estarmos vivendo com uma pequena porção de fé não nos isenta de experimentar o sobrenatural. A diferença é a permanência nele. Uma fé pequena inicia, mas não persevera, ou seja, dá passos, mas precisa ser socorrida. Esse tipo de fé, ao longo da caminhada, tira o foco da Palavra de Deus e olha para a força das adversidades. A perda de foco e inconstância são consequência da pequena fé.

Descansar na tempestade, confiar na provisão do Pai, entender a ação de Deus-Pai e perseverar andando sobre as águas foram as ações opostas que Jesus teve em relação à pequena fé demonstrada pelos discípulos. A grande fé de Jesus não deve nos intimidar. Na verdade, Ele nos chamou para ter esse mesmo tipo de fé.

Exemplo disso foi quando Cristo amaldiçoou a figueira, e Pedro, impressionado, disse: "Mestre! Vê! A figueira que amaldiçoaste secou." (Marcos 11.21 – NVI). Naquela hora, Jesus tinha a oportunidade de chamar a atenção só para Ele, dizendo coisas do tipo: "É porque Eu sou poderoso, me adorem". Contudo, Ele não tinha a pretensão de ser um Deus inalcançável, mas sim um modelo a ser imitado.

Se ter fé para fazer uma figueira secar fosse algo possível apenas para Jesus, Ele não teria respondido a Pedro desta forma: "Tenham fé em Deus. Eu lhes asseguro que se alguém disser a este monte: 'Levante-se e atire-se no mar', e não duvidar em seu coração, mas crer que acontecerá o que diz, assim lhe será feito." (Marcos 11.22-23 – NVI). No natural, uma figueira secar parece ser mais fácil do que um monte se transportar de lugar. Entretanto, Jesus estava dizendo que se alguém cresse como Ele e declarasse ao monte, o sobrenatural aconteceria.

Em seu contexto original, a expressão "tenham fé em Deus" traz a ideia de "tenha o mesmo tipo de fé que Deus tem". Isso quer dizer que Jesus está nos chamando a crer do jeito como Ele crê. Se a fé é fruto da semente da Palavra, então nossa crença possui as características de quem Deus é. Deus é inabalável e aqueles que têm fé n'Ele não se perturbam. Deus é imutável e quem n'Ele crê permanece constante. O Senhor não se cansa e nem se fadiga, por isso, aqueles que esperam n'Ele, correm e não se esgotam, caminham e não ficam exaustos. Ele é a pedra angular e nós somos as pedras vivas. Por isso, atenda ao convite de uma grande fé.

GRANDE FÉ

Nos evangelhos, Jesus elogia a grande fé de duas pessoas anônimas: a mulher cananeia e o centurião romano:

> Ele respondeu: "Não é certo tirar o pão dos filhos e lançá-lo aos cachorrinhos". Disse ela, porém: "Sim, Senhor, mas até os cachorrinhos comem das migalhas que caem da mesa dos seus donos". Jesus respondeu: "Mulher, grande é a sua fé! Seja conforme você deseja". E naquele mesmo instante a sua filha foi curada. (Mateus 15.26-28 – NVI)

Jesus lhe disse: "Eu irei curá-lo". Respondeu o centurião: "Senhor, não mereço receber-te debaixo do meu teto. Mas dize apenas uma palavra, e o meu servo será curado. Pois eu também sou homem sujeito à autoridade, com soldados sob o meu comando. Digo a um: 'Vá', e ele vai; e a outro: 'Venha', e ele vem. Digo a meu servo: 'Faça isto', e ele faz". Ao ouvir isso, Jesus admirou-se e disse aos que o seguiam: "Digo-lhes a verdade: Não encontrei em Israel ninguém com tamanha fé..." (Mateus 8.7-10 – NVI)

A mulher cananeia e o centurião romano não pertenciam ao povo judeu, portanto, não participavam das alianças, não viviam debaixo da lei mosaica e não possuíam acesso ao conhecimento de Deus como o povo escolhido tinha. Entretanto, mesmo assim, eles tiveram fé para clamar pela misericórdia de Cristo, que poderia ir além de todo esse contexto e da separação cultural, e atingir a filha da cananeia e o servo do centurião.

Os dois sabiam que não mereciam o milagre. Tanto que, quando Jesus respondeu a mulher, Ele disse: "Não é certo tirar o pão dos filhos e lançá-lo aos cachorrinhos". Essa expressão denota que ela não fazia parte dos filhos, ou seja, das ovelhas perdidas da casa de Israel. Porém, mesmo sabendo que não tinha nenhum direito ao milagre de Jesus, com fé, ela respondeu que até os cachorrinhos comem das migalhas que caem da mesa. Assim como essa mulher, o centurião também sabia que não era digno nem mesmo de que Jesus estivesse na mesma casa que ele.

Além disso, ambos buscavam a Cristo por causa de terceiros: a cananeia, por conta de sua filha, e o centurião, por causa de seu servo. O problema que os afligia era gravíssimo. A filha estava terrivelmente endemoninhada e o servo, paralítico e violentamente atormentado. Diante desses grandes desafios, para resolver a situação, os dois pediram pequenas coisas de Jesus: uma migalha e uma palavra.

A MULHER CANANEIA	O CENTURIÃO ROMANO
Gentia	Gentio
Consciência de indignidade	Consciência de indignidade
Clamava por sua filha	Clamava por seu servo
Grave situação	Grave situação
Uma migalha	Uma palavra
Grande fé	Grande fé

O interessante é que, geralmente, a consciência da indignidade faria com que muitos retrocedessem. Hoje em dia, ao perceber que não merecem, crentes não conseguem ter fé para clamar. Eles chegam à conclusão de que, se não são dignos, não vale a pena pedir. Contudo, o centurião e a cananeia avançaram enfatizando não a sua condição ou merecimento, mas a autoridade e a bondade de Jesus.

Outro aspecto relevante na história do centurião é a sua compreensão sobre autoridade. Na cultura militar, a palavra de um superior para um soldado deve ser obedecida sem nenhum questionamento. O centurião disse que a enfermidade era como um soldado que teria que ir embora se o general Jesus mandasse, destacando sua fé no poder absoluto de Cristo sobre todas as doenças. Já a mulher cananeia utilizou o exemplo de Jesus para mostrar que acreditava em uma bondade tão grande daquele que fornecia o alimento para a mesa que até para quem não merecesse estar nela seria dado. Para ela, uma migalha do pão dos filhos de Deus seria suficiente para libertar a sua filha.

Se uma migalha dada a alguém que não faz parte da mesa de Jesus traz libertação, imagine o que acontece com os filhos de Deus que, por causa do sacrifício de Cristo, estão assentados a mesa com o Pai. Nós não temos uma migalha, temos o pão inteiro. Possuímos um banquete na mesa do Rei dos reis e Senhor dos senhores. Os problemas serão como soldados que terão que se submeter à ordem do Senhor dos Exércitos. Além disso, debaixo do teto da nossa existência, temos a presença de Cristo. Não temos somente uma palavra, mas o Verbo vivo. Quem tem uma grande fé sabe que não merece, mas conhece a grandeza do Deus Todo-Poderoso.

DESENVOLVENDO A FÉ

Jesus não enxergou fé nas pessoas por Sua onisciência. Ele viu através das palavras e atitudes delas. Repare que em todos os exemplos dados, tanto de pequena como de grande fé, O Senhor detectou o tamanho da fé após o comportamento das pessoas. Como em Mateus 9: "Alguns homens trouxeram-lhe um paralítico, deitado numa cama. Vendo a fé que eles tinham, Jesus disse ao paralítico: 'Tenha bom ânimo, filho; os seus pecados estão perdoados.'" (Mateus 9.2 – NVI).

O Mestre viu a fé porque ela é reconhecível. Embora invisível, podemos notar os seus efeitos. Nenhum de nós enxerga o vento, mas somos capazes de perceber a sua força ao olhar o movimento de uma árvore. A grande fé do centurião e da mulher cananeia foi vista pelo teor do comportamento e das palavras que eles proferiram. A pequena fé dos discípulos no barco foi perceptível pelo desespero na tempestade, e a de Pedro, pelo medo que ele teve ao olhar o mar revolto. Tiago afirma "Mas alguém dirá: 'Você tem fé; eu tenho obras'. Mostre-me a sua fé sem obras, e eu lhe mostrarei a minha fé pelas obras." (Tiago 2.18 – NVI). Atitudes e palavras são o termômetro da sua crença.

Portanto, uma pessoa que só fala dos problemas, um crente preocupado com o amanhã, um pastor fazendo uma tempestade em um copo d'água, um cristão esperando ver para agir são exemplos claros de uma fé que não foi desenvolvida. Será que ao olhar para você, Jesus reconhece uma pequena ou grande fé?

 Se esse autoexame constatar uma fé pequena, não se desespere, não diga que não tem fé, pois como já vimos, Deus repartiu a medida da fé a cada um de nós. Lembre--se de que aquele que tem uma grande fé hoje, já teve uma pequena. Não se concentre na condenação, mas no desenvolvimento da sua crença.

 Você recebeu o "músculo da fé", como todo cristão. Seu trabalho agora é fazê-lo crescer, tornando-o forte e firme. Para isso, é necessário alimentação e exercício. A alimentação consiste em receber aquilo que fortalece a fé. Aprendemos neste livro que esta vem pelo ouvir a Palavra de Deus. Por isso, é fundamental para o crescimento que gastemos tempo lendo a Bíblia e bons livros cristãos, ouvindo pregações e tendo comunhão com pessoas que vão nos encher de fé. Já o exercício consiste em praticar com simplicidade, objetividade e disciplina o que a Palavra de Deus diz. Ao invés de ficar ocupado com o que você precisa, procure servir as pessoas que estão a sua volta. Envolva-se na sua igreja local, não abandone o quarto da oração. E se falhar nessas práticas, seja rápido para se levantar.

 Faça a sua matrícula na academia da fé hoje, e saiba que músculos escondidos pelo sedentarismo aparecerão. O resultado pode não ser imediato, mas o sucesso é garantido. Até os fracos podem se tornar fortes.

Capítulo 15

O ESCUDO DA FÉ

Apagando as chamas do inferno

Bandidos assaltam uma agência bancária. A polícia fecha o cerco. Os assaltantes fazem pessoas de reféns. Um clima de tensão no ar. Então eles saem da agência com uma arma na cabeça de um dos reféns para negociar com a polícia, que está do lado de fora. Estão usando as pessoas como escudos humanos, pois sabem que policial algum vai atirar em inocentes. Um escudo inocente e vivo é a proteção dos malfeitores.

Talvez você já tenha visto ou ouvido falar de uma cena parecida com essa em algum telejornal ou até mesmo filme. No entanto, ela não está presente apenas na televisão ou no cinema, mas no reino espiritual.

A Palavra nos afirma que: "O Senhor é a minha força e o **meu escudo**; nele o meu coração confia..." (Salmo 28.7a – NVI – grifo dos autores). Deus nos diz que Ele é o nosso escudo, não como um refém, mas por Sua própria escolha. Aquele que não conheceu pecado, Jesus, o inocente, está à frente de pessoas não tão puras assim. Por mais que o Inimigo queira nos atingir, está impedido por um escudo inocente e vivo. Que maravilhoso! O Deus Todo-Poderoso está adiante de nós, nos protegendo de toda a arma forjada por Satanás. Bênçãos dadas pelo Senhor em nossa vida estão protegidas por Ele mesmo. Esta é a essência da fé, colocar Deus à frente de tudo, em primeiro lugar. Tomar o escudo da fé é pôr o Senhor como proteção. Seus pensamentos, Sua vontade, Suas palavras vão à frente do soldado cristão. Por isso, o apóstolo Paulo nos conclama a embraçar essa defesa: "Tomando sobretudo o escudo da fé, com o qual podereis apagar todos os dardos inflamados do maligno." (Efésios 6.16).

Este escudo citado no versículo acima era amplo e de forma alongada, muito parecido com uma porta. Ele era tão grande que protegia todo o corpo do soldado, bem como servia de defesa para os demais itens da armadura[1]. Assim é a fé, maior do que o homem e capaz de proteger a salvação, a verdade, a justificação e o testemunho de cada cristão.

Porém, ainda que você seja salvo, nascido de novo, ungido e abençoado, se não acredita que possui todas essas coisas, seu escudo estará no chão e você ficará

---

[1] CHAMPLIN, Russell Norman. **Enciclopédia de Bíblia, Teologia e Filosofia. Volume 1**. São Paulo, SP: Hagnos, 2008. p. 282.

vulnerável a qualquer ataque do Maligno. Na verdade, muitos crentes recebem uma unção de Deus no culto de domingo e saem convictos do fato de que estão ungidos. No entanto, no decorrer da semana, sua convicção parece se desfazer. O escudo da fé, portanto, está no chão.

Dessa forma, alguns cristãos parecem não oferecer nenhuma resistência a ataques malignos. Quando alguma sensação diferente do que receberam de Deus aparece em cena, estão prontos para aceitar como se fosse uma verdade. Abrigam pensamentos contrários à Palavra sem sequer questioná-los: "O que estou pensando e sentindo está de acordo com a Palavra de Deus?". Essa pergunta importante parece nem passar pela mente dessas pessoas.

Crentes assim admiram as verdades da Palavra, mas não usam nenhuma delas no seu dia a dia. Escudo não é um objeto de decoração, é um instrumento de guerra que deve estar preso aos braços do soldado. Não é nem mesmo uma ferramenta a ser utilizada de vez em quando, mas uma realidade que deve pautar a nossa vida. A Bíblia chega a dizer que o justo viverá pela fé. Isto significa que o justo só tem vida graças à fé. A fé é como o ar para essa pessoa, e se este lhe faltar, ela pode morrer.

Um soldado sem escudo é um alvo fácil para a morte. Entenda, a primeira coisa que o Diabo quer roubar é a nossa fé na Palavra de Deus. Pois, ele sabe que jamais poderá nos atingir com o escudo à nossa frente. Por isso, antes de abrir a sua boca para dizer algo que a Palavra não diz, pense duas vezes.

Nós embraçamos o escudo através das nossas palavras e atitudes, quando estão em concordância com a Palavra de Deus. Aliás, esta é a única base da fé, que só tem espaço para crescer e amadurecer em nosso coração por intermédio dela (Romanos 10.17). Afinal, é a Palavra que forma a fé através da audição, e é exatamente o que a iniciou que vai mantê-la.

Ideias humanas, sentimentos, pensamentos, opiniões, acontecimentos ou circunstâncias não são a base do que acreditamos. O fundamento da fé é a Palavra de Deus. Por isso, toda a vez que agimos baseados em algum sentimento, e não na Palavra, estamos largando o escudo e nos tornando uma presa fácil para o Adversário.

Exemplos disso são momentos em que podemos não nos sentir ungidos, mas temos a unção do Santo (1 João 2.20). Talvez, tenhamos uma sensação de impotência, mas Ele diz que somos capazes de tudo n'Aquele que nos fortalece (Filipenses 4.13). Podemos achar que estamos sozinhos, mas Ele estará conosco até a consumação dos séculos (Mateus 28.20). Pode ser que nos sintamos doentes, mas Ele levou sobre Si todas as nossas enfermidades (Isaías 53.4). Talvez, algo nos leve a pensar que os recursos financeiros vão acabar, mas o Senhor é o nosso Pastor e nada nos faltará (Salmos 23.1). O que você vai escolher? Sensações e circunstâncias ou a Palavra de Deus? O escudo da fé ou os dardos inflamados do maligno? A decisão é sua.

Nesses últimos dias, o que marcará os ministros de Deus não será a unção, mas a convicção em Sua Palavra. Afinal de contas, a Bíblia diz: "E vós tendes a unção do Santo..." (1João 2.20a). Todos os crentes possuem unção. Porém, poucos têm convicção de que estão ungidos. Existem muitos cristãos ungidos se desviando da Igreja. Unção sem convicção é como gasolina sem um carro, tem potencial para funcionar, mas não um veículo para colocar em movimento.

Deus está esperando que acreditemos em todo o poder que Ele já colocou em nós. Por isso, ligue o carro, acelere e deixe essa gasolina celestial e inesgotável levar você a lugares que nunca sonhou. Um ministro ungido pode ser parado, mas um crente convicto da unção que possui é indestrutível.

Nos tempos bíblicos, quando um escudo era ungido com óleo, tornava-se ainda mais resistente às setas dos adversários. Era comum fazer isso para preservá-los (Isaías 21.5), pois o couro ficava mais difícil de romper quando ungido[2]. Além disso, o óleo tornava a superfície do escudo escorregadia, assim, os dardos tinham dificuldade de fincar-se nele. Da mesma forma, o óleo do Espírito sobre suas convicções vai tornar os dardos do Maligno inúteis.

---

[2] JAMIESON; FAUSSET; BROWN. **Jamieson, Fausset and Brown Commentary**. In: e-sword: para sistema operacional Windows. Disponível em: *http://www.e-sword.net*.

ESCUDO DA FÉ *VERSUS* ESCUDO DE MADEIRA

Água e óleo; fogo e água; flamenguista e vascaíno; final de campeonato e uma esposa querendo atenção; um homem impaciente e uma mulher no *shopping*; um escudo romano e um dardo inflamado. Algumas coisas simplesmente não combinam, e não é bom misturá-las.

Um dardo inflamado não combinava com um escudo romano porque ele era diferente dos demais. Muitos desses instrumentos de proteção eram feitos de madeira, por isso, eram tomados pelo fogo assim que uma flecha em chamas os atingia. Os escudos romanos, por outro lado, apesar de também serem feitos de madeira, possuíam uma espessa camada de couro que servia para apagar os dardos que o alcançavam.[3]

Quando um soldado estava com um escudo de madeira e um dardo inflamado o atingia, o combatente era obrigado a largar a proteção, pois logo esta estaria em chamas. Portanto, não podemos tentar nos defender dos ataques de Satanás com escudos de madeira. Eles são bons à primeira vista, mas não resistirão ao primeiro dardo que os alcançar.

Um escudo era algo que os soldados usavam para se proteger, no qual confiavam. Um instrumento que eles esperavam que os livrasse dos perigos e salvasse suas

---

[3] CHAMPLIN, Russell Norman. **Enciclopédia de Bíblia, Teologia e Filosofia. Volume 1**. São Paulo, SP: Hagnos, 2008. p. 283.

vidas. Por isso, é tão importante descobrir que tipo de escudo temos usado.

Observe: "Seu sustento depende do seu patrão". "A presença de Deus só está com você se puder senti-la". "É o apoio dos homens que fará o seu ministério crescer". "Um título ministerial fará a diferença". "A minha capacidade vai me levar ao sucesso". "Se as circunstâncias melhorarem, o meu casamento vai prosperar". Você concorda com alguma dessas afirmações? Se sim, tome cuidado. Você está abrigado em um escudo altamente inflamável, que o deixará na mão quando mais precisar dele.

As opiniões dos outros, o apoio de pessoas importantes, os seus sentimentos e habilidades, as circunstâncias em que você se encontra, nada disso pode ser usado como escudo para a sua vida. Ao levantarem-se essas questões, alguém mais apressado pode dizer: "Mas eu não confio em nada disso, eu confio no Senhor!". No entanto, para verificarmos se estamos caminhando em fé, precisamos entender que esta será testada pelo fogo das adversidades diárias.

Em Tiago 1 e 1 Pedro 1, diz:

> Meus irmãos, tende por motivo de toda alegria o passardes por várias provações, sabendo que a provação da vossa fé, uma vez confirmada, produz perseverança.
> (Tiago 1.2-3 – ARA)

> Nisso exultais, embora, no presente, por breve tempo, se necessário, sejais contristados por várias provações, para que, uma vez confirmado o valor da vossa fé, muito mais preciosa do que o ouro perecível, mesmo apurado por fogo, redunde em louvor, glória e honra na revelação de Jesus Cristo.
> (1Pedro 1.6-7 – ARA)

A nossa fé é formada pela Palavra, demonstrada pela confissão e por nossas atitudes, mas é provada pelo fogo. Em outras palavras, é na hora em que as situações apertam que atestaremos a qualidade do nosso escudo. É quando o dinheiro falta, quando os sintomas aparecem, quando os homens não nos reconhecem, quando o crescimento ainda não chegou, quando o cônjuge é incompreensivo... É nessas horas que o calor atinge a nossa proteção.

A respeito disso, a Bíblia nos ensina: "Examinai-vos a vós mesmos **se realmente estais na fé**; provai-vos a vós mesmos." (2 Coríntios 13.5a – ARA – grifo dos autores). Tire um momento para provar a sua fé. Veja se é realmente a confiança em Deus que está guardando a sua vida. Basta perceber as suas reações diante de cada cenário. Isso, porque a fé produz perseverança e resulta em louvor. Se a sua vida não está produzindo esta reação de confiança e adoração, seu escudo é de madeira.

Não reclame, não murmure, coloque a impaciência de lado e embrace o escudo da certeza. Mesmo que as coisas do lado de fora estejam contrárias ao que você crê, o que está dentro de você se tornará realidade. Persevere.

A fé não desiste, mas avança. Permaneça protegido pelo escudo, e não coloque sua cabeça para fora.

O triste é que algumas pessoas começam guardadas pelo escudo da fé. Porém, em certas circunstâncias, parecem colocar a cabeça para fora dele para ver o que vai acontecer. Precisamos olhar a batalha através da proteção dessa ferramenta. No momento do ataque, em uma guerra, o soldado não colocava o rosto para fora do escudo para espiar o que estava acontecendo, pois, assim, poderia ser atingido naqueles rápidos segundos. Muitos começam atrás do escudo, mas são tomados pela ansiedade e preocupação, e acabam se arriscando para se certificarem se o que Deus disse, de fato, acontecerá. Quando alguém diz: "Será que vai acontecer mesmo?", "Este problema é muito complicado!", "Quando e como vai acontecer?", está colocando o rosto para fora do escudo. A ansiedade torna esses indivíduos vulneráveis a dardos inflamados de incredulidade, que podem penetrar suas cabeças.

A Palavra nos alerta: "Não deis lugar ao Diabo" (Efésios 4.27 – ARC); "Não deem ao Diabo oportunidade..." (Efésios 4.27a – NTLH). Preste atenção no versículo. Somos nós que damos (ou não) lugar ou oportunidade para os dardos inflamados do Maligno. Quando fazemos isso e somos atingidos, as flechas inimigas têm o poder de incendiar a nossa carne, e até mesmo nos conduzir à destruição. Na prática, os dardos inflamados são pensamentos, sugestões e ideias que o

Inimigo lança em nossa mente. Se eles nos atingirem, podem colocar em risco a nossa postura de fé. Podem nos levar a práticas contrárias à Palavra de Deus.

Observe o que Tiago diz: "A língua também é um fogo; [...], e contamina todo o corpo, e inflama o curso da natureza, e é inflamada pelo inferno." (Tiago 3.6). Neste texto, o autor nos revela que as palavras que proferimos, ou que outros dizem, quando usadas para destruição, são como dardos inflamados, que incendeiam o curso da natureza. Muitas vezes, pessoas são usadas pelo Diabo para lançar dardos inflamados através das suas palavras. Uma crítica, ou uma fala desencorajadora, contrária à sua fé ou imoral é liberada, e é nessas horas que os dardos inflamados viajam no céu, e se posicionam para encontrar você ou um escudo no meio do caminho. Se eles o alcançarem, terão atingido seu alvo, mas se acertarem o escudo, terão chegado ao seu fim.

É como se essas setas malignas estivessem envenenadas. Uma vez que entram no organismo espiritual, podem contaminar toda a nossa vida. Se o dardo encontrar você, o desânimo penetrará em sua alma, podendo disseminar a incredulidade. Assim, quando somos atingidos pelos dardos do Diabo, nossas ações se tornam em conformidade com o Inimigo, e não mais com a Palavra de Deus. A fé nos diz para avançar, mas o dardo do medo nos leva a ficar parados. A flecha da ansiedade pode nos chamar a ficar inquietos, enquanto a fé nos ensina a descansar.

Na maioria das vezes, esses dardos vêm no silêncio da mente. De forma sutil, pensamentos que Satanás lançou em nossas cabeças passam a se infiltrar sem muito alarde, e, lentamente, acabam por inflamar a nossa existência. Cuidado. O que circula silenciosamente em sua mente concorda com o que Deus diz? Faça como Jesus, repreenda as estruturas de pensamento sugeridas pelo Diabo. Através da boca de Pedro, Satanás disse: "Senhor, tem compaixão de ti; de modo nenhum te acontecerá isso." (Mateus 16.22b). O Mestre tinha acabado de dizer que iria para a cruz, quando o Inimigo aproveitou para disseminar uma mentalidade de autopiedade. O dardo inflamado foi em direção ao Mestre. Como Ele reagiu? Marque a alternativa certa:

a. Ficou pensando se aquilo tinha coerência.

b. Aceitou, porque, afinal de contas, Pedro já tinha tido revelações do Pai.

c. Deixou para lá, pois foi só uma palavra infeliz.

d. Reconheceu e repreendeu com veemência o Diabo.

Nós conhecemos a história, então sabemos que, rapidamente, Jesus levantou o Seu escudo, preservando Sua convicção e reconhecendo que aquilo vinha do Inimigo. Não brinque com os dardos, não medite neles, não os aceite só porque parecem verdade. Por mais que, para a sua mente, pareça que você está derrotado, não alimente esses pensamentos, gastando tempo chorando no seu quarto ou pensando a respeito. Levante-se em alta voz e declare: "Satanás, eu sei que esse pensamento é seu e eu o repreendo, pois sou mais do que vencedor sobre todas as coisas".

Permanecendo atrás do escudo da fé, não damos espaço e nem chance para o Diabo nos acertar. Estamos protegidos por esse escudo indestrutível. Nem todo o calor das chamas do inferno pode queimá-lo. Os que são da fé desafiam o Inimigo, dizendo: "Isso é tudo o que você pode fazer para que eu volte atrás? Será que você não entende que os da fé não retrocedem?".

Aconteça o que acontecer, não abaixe o seu escudo. Quando os soldados gregos partiam para a batalha, suas mães apontavam para o escudo e diziam: "Volte para casa e traga esse escudo contigo, ou volte nele".[4] Isso, porque o escudo era tão grande que poderia servir como maca.

O apóstolo Paulo combateu o bom combate, viveu milagres e sinais, foi usado para transformar vidas e, ainda, no final de sua trajetória, guardava a fé. Ele morreu, mas foi levado pela fé diante de um Deus invisível, mas que, para Paulo, tornava-se visível. Mesmo diante de perseguições, lutas e tribulações, o apóstolo não largava o escudo. Nem mesmo perante a morte.

---

[4] CHAMPLIN, Russell Norman. **Enciclopédia de Bíblia, Teologia e Filosofia. Volume 1**. São Paulo, SP: Hagnos, 2008. p. 282.

Embrace o escudo da fé. Mantenha-o erguido. Escolha viver o poder de Deus ainda nesta Terra. O Diabo não pode parar você. Sua fé é capaz de vencer o mundo e apagar qualquer chama infernal.

    A fé protegerá você todos os dias de sua vida e, no último dia, lhe conduzirá à presença do Rei dos reis e Senhor dos senhores. Então, você perceberá o quanto valeu a pena acreditar.[5]

---

[5] Participação especial neste capítulo do nosso amigo e pastor Braulio Brandão.

Capítulo 16

INIMIGOS DA FÉ

Nunca deixe de guardar aquilo que defende você

"Combati o bom combate, acabei a carreira, guardei a fé" (2 Timóteo 4.7). O apóstolo Paulo lutou diante de muitos desafios. Descrédito, perseguição, naufrágio, apedrejamento, açoites, prisões... Mas até o fim da vida, guardou a sua fé. Ele não deixou que o combate lhe tirasse o que o fez vencer em todas as coisas. Paulo guardou o que o guardava, afinal de contas, um soldado sem escudo é um alvo fácil para a morte. Tudo o que o Diabo deseja não são os bens que temos, mas destruir a nossa fé em Deus. Por isso, ele tocou na saúde, nos bens e na família de Jó, porque queria ver a sua fé no Senhor desfalecer.

Satanás quer roubar o escudo da fé, porque ele sabe que seus dardos são apagados pelo uso dessa arma. Ele ruge como um leão procurando a quem possa devorar, pois não pode destruir quem usa o escudo da fé. É necessário que você desista de se proteger para que ele tenha liberdade para atacar. Como o Inimigo não consegue nos vencer, uma vez que estamos protegidos, ele usa de engano para nos fazer largar o escudo da fé. Essas estratégias malignas são inimigas da fé, mentiras que podem nos fazer soltar o que nos faz vencer.

IGNORÂNCIA

Muitas pessoas têm focado no Diabo como o maior adversário. Contudo, a ignorância tem se levantado como um dos piores inimigos da fé. É através dela que o povo de Deus é destruído: "O meu povo foi destruído, porque lhe faltou o conhecimento..." (Oseias 4.6a). Ou seja, os cristãos não são derrotados por causa dos principados e potestades das trevas, mas por ignorância. E o inverso também é verdadeiro, o povo de Deus é protegido pela presença do conhecimento.

A escravidão a Satanás e ao pecado só é possível pela falta de conhecimento, porque, assim como Jesus afirmou, quando conhecemos a verdade, ela nos liberta (João 8.32). Porém, a única verdade que me liberta é aquela que eu conheço. Embora a liberdade já seja um fato para todo o cristão, ele só será livre se, realmente, conhecer. Conhecimento libera o poder da verdade.

A própria vida eterna consiste em conhecimento: "Esta é a vida eterna: que te conheçam, o único Deus verdadeiro, e a Jesus Cristo, a quem enviaste." (João 17.3

— NVI). Por toda a eternidade, a vida que recebemos de Deus está conectada ao conhecimento. Foi por meio da consciência da salvação em Cristo que saímos da morte eterna (inferno) para a vida eterna (Céu). E esta qualidade de vida que recebemos de Deus é usufruída em sua plenitude por intermédio do conhecimento. Até mesmo a graça e a paz são multiplicadas em nossa vida através dele: "Graça e paz vos sejam multiplicadas, **pelo conhecimento** de Deus, e de Jesus nosso Senhor." (2 Pedro 1.2 – grifo dos autores). Mesmo diante de problemas, quem conhece a Deus possui uma paz inexplicável em meio às adversidades. O conhecimento pacifica o interior do homem e elimina toda a confusão. É por esse motivo que pessoas que cultivam a ignorância são tão desesperadas e confusas diante dos problemas. A graça, nesse sentido, é um elemento indispensável para os que estão atravessando momentos de grandes dificuldades. É somente pelo conhecimento de Deus que temos contato com o favor não merecido, sendo este multiplicado em tudo aquilo que fazemos.

As Escrituras nos afirmam: "Visto como o seu divino poder nos deu tudo o que diz respeito à vida e piedade, pelo conhecimento daquele que nos chamou pela sua glória e virtude." (2 Pedro 1.3). O conhecimento não é necessário para acessar apenas algumas promessas do Senhor, mas todas. Tudo que envolve a vida de um filho de Deus só pode ser usufruído através do conhecimento, ou seja, um cristão sem conhecimento pode acabar vivendo como um mendigo, mesmo sendo um príncipe.

    Proteção da destruição, liberdade, vida eterna, graça, paz e tudo aquilo que diz respeito a vida e piedade estão disponíveis através do conhecimento. Essa afirmação nos faz perceber que muitos cristãos estão sofrendo pela falta dele. E mesmo sendo completamente a favor da oração, ela não edificará o que a ignorância destruiu.

    Somos constantemente procurados para orar por pessoas, entretanto, percebemos que a destruição financeira, familiar, emocional e espiritual que muitos estão atravessando não será resolvida pela oração com imposição de mãos. Nós, líderes, precisamos ter o discernimento e conduzir essas pessoas à leitura e ao conhecimento da Palavra, pois o que elas estão buscando em oração só será liberado pela consciência real do que a Bíblia diz.

    O que muitos chamam de falta de fé, na verdade, é falta de conhecimento. Através da ignorância, o Diabo tem minado a nossa crença. Os ignorantes são presa fácil para a mentira. E se acreditarmos nela, nosso escudo irá ao chão. Dar espaço para a ignorância é fatal para um cristão.

MEDO

    Nós não temos medo de lobisomem, mula sem cabeça ou zumbis, pois não acreditamos neles. Por incrível que pareça, para ter medo é preciso crer. O medo acredita no pior. Na verdade, a essência desse sentimento é ter de enfrentar alguma coisa maior do que nós mesmos, quer seja uma pessoa, um ser, uma inteligência, ou ainda um poder maior. Qualquer coisa que enxergamos como sendo superior a nós, é para lá que direcionaremos o nosso temor. É por isso que Jesus alertou não apenas contra a incredulidade, mas contra o medo, para que a fé não sucumbisse. Em Marcos, Ele disse: "Não fazendo caso do que eles disseram, Jesus disse ao dirigente da sinagoga: 'Não tenha medo; tão-somente creia.'" (Marcos 5.36 – NVI).

O contexto desse versículo é interessante. Naquela ocasião, Jairo havia recebido a notícia de que sua filha, que estava enferma, agora estava morta. Para lidar com essa situação, a instrução de Jesus foi para que ele não deixasse o medo tomar o controle. Algumas pessoas acreditam erroneamente que a fé é ausência de medo. Porém, ele faz parte da estrutura humana. Existem medos que são até mesmo saudáveis, como, por exemplo, o medo de um leão, que nos faz evitar a proximidade com esse perigo.

Portanto, o "não temas" da Bíblia não é uma ordem para exclusão do medo, e sim um convite para crer e avançar apesar dele. Pois, se o medo tomar o controle, ele nos levará para longe da presença e da palavra de Deus.

A primeira ocorrência da palavra "medo" nas Escrituras aconteceu quando Deus foi em busca de Adão no Jardim do Éden. Por conta do pecado, Adão e Eva se esconderam, com medo do Senhor: "E ele respondeu: 'Ouvi teus passos no jardim e fiquei com medo, porque estava nu; por isso me escondi.'" (Gênesis 3.10 – NVI).

Pecado, vergonha e medo. Estes fatores se desenvolvem em cadeia. Isso, porque o medo é consequência da vergonha que o pecado gerou. Acreditando nele, Adão se escondeu de Deus, Pedro começou a afundar nas águas, os dez espias desistiram da Terra Prometida e o exército de Israel não enfrentou o gigante Golias. Fuga da presença do Senhor, desistência do sobrenatural, abandono das promessas e paralisia diante dos gigantes da vida são resultados de quem deixou o medo dominar.

É terrível quando perdemos o melhor, com medo de viver o pior. Quando o medo tira a fé do controle, ele distorce a realidade de Deus e nos faz estagnar na desobediência. Quantas bênçãos mais vamos perder, da parte do Senhor e da vida que Ele nos concedeu, por não ousar? Deixamos passar oportunidades. Não ousamos tentar, por medo de errar. Perdemos afetos, por não termos coragem de amar. Afastamo-nos de pessoas, já que não conseguimos dizer "eu amo você" ou "você é importante para mim". Deixamos de fazer descobertas, simplesmente, pelo fato de não arriscarmos experimentar coisas novas. Também perdemos tempo, por não ousarmos dizer "não" ou "sim". Perdemos vida, porque não temos coragem de vivê-la plenamente. Sem certa dose de ousadia, o Evangelho, que é sobrenatural, pode se tornar algo limitado ao âmbito do natural; o incomum pode se tornar ordinário; e a vida pode ter um gosto amargo da morte. Não deixe de ser ousado por medo de fracassar. Quando esse sentimento nos controla, ele cria posturas que nos levam a abandonar a fé. Observar esses comportamentos nos levará a reconhecê-los e atacar a causa que os tem gerado.

Talvez uma das histórias bíblicas que mais exemplifique o medo seja a dos espias enviados por Moisés à Terra Prometida. Aqueles homens sentiram tanto temor dos gigantes, que isso fez com que dissessem que se viam como gafanhotos. O medo sempre comparará o problema conosco. Sua intenção é nos levar a um senso de inferioridade e incapacidade de vencer. Como vimos acima, a essência do medo é acharmos que temos de enfrentar algo que é maior do que nós. Por outro lado, a essência da fé é crer que nada é maior do que Deus. Por isso, diferentemente dos outros espias, quando Josué e Calebe falaram dos gigantes, eles disseram:

> Somente não sejam rebeldes contra o Senhor. E não tenham medo do povo da terra, porque nós os devoraremos como se fossem pão. A proteção deles se foi, mas o Senhor está conosco. Não tenham medo deles! (Números 14.9 – NVI)

O medo compara o problema com você. A fé compara o problema com Deus.

Outro comportamento de pessoas que têm medo é ampliar as adversidades. Por exemplo, o medo de baratas gera a facilidade de vê-las maiores do que realmente são. Ou seja, a partir desse princípio, percebemos que o medo promove em nós a tendência a enxergar nosso pecado maior do que o perdão de Deus, a enfermidade mais mortal do que o poder divino, as adversidades financeiras mais abundantes do que a provisão celestial. Quantas vezes esse sentimento nos levou a ficar preocupados com coisas que nunca aconteceram, ilusões que só nos fizeram mal e nos convenceram a duvidar da ação divina? Se formos honestos, nos lembraremos de inúmeras situações de medos passados que nunca se tornaram realidade. Na escola do medo, aprendemos a ficar preocupados com coisas que nunca acontecerão.

Com medo do gigante Golias, por exemplo, o exército de Israel paralisou. Diante do medo, podemos estagnar quando Deus nos chama a avançar. Quantas pessoas já conhecemos que tinham tudo para vencer e romper barreiras, mas que ficaram paradas pelo medo de fracassar? Quando paralisamos por esse motivo, acabamos consolidando ainda mais a insegurança. É por isso que precisamos agir apesar do medo. Ao ver a situação de sua filha piorar, Jairo aceitou a sugestão de Jesus "Não tenha medo", em vez de mandá-lo embora e desistir do milagre. Portanto, se o medo bater à porta, simplesmente continue agindo pela fé.

VIDA DE PECADO

A Palavra de Deus nos ensina que a fé atua pelo amor (Gálatas 5.6). Amar a Deus e ao próximo é um trilho para a fé andar. Quando não caminhamos no amor, muitas vezes, não vemos os resultados que a fé pode trazer. Perceba:

> Do mesmo modo vocês, maridos, sejam sábios no convívio com suas mulheres e tratem-nas com honra, como parte mais frágil e co-herdeiras do dom da graça da vida, de forma que não sejam interrompidas as suas orações. (1 Pedro 3.7 – NVI)

> E quando estiverem orando, se tiverem alguma coisa contra alguém, perdoem-no, para que também o Pai celestial lhes perdoe os seus pecados. Mas se vocês não perdoarem, também o seu Pai que está no céu não perdoará os seus pecados. (Marcos 11.25-26 – NVI)

> Se alguém afirmar: "Eu amo a Deus", mas odiar seu irmão, é mentiroso, pois quem não ama seu irmão, a quem vê, não pode amar a Deus, a quem não vê. (1 João 4.20 – NVI)

> Se eu acalentasse o pecado no coração, o Senhor não me ouviria... (Salmos 66.18 – NVI)

Não tratar bem o cônjuge, não perdoar, odiar pessoas e abraçar o pecado são posturas que não honram a Deus e impedem o fluir da fé cristã. Fomos tão perdoados pela graça divina que não temos o direito de permanecer em uma vida que desonra a Ele. Não estamos falando de perfeição, mas de confissão e arrependimento de pecados. Todos erramos, contudo, é fundamental cultivarmos um coração quebrantado e contrito, sermos rápidos em reconhecer nossos erros e buscar ao Senhor.

Não importa por quanto tempo você deu espaço para o pecado em sua vida, a graça de Deus está disponível para perdoar, erguê-lo e fazer você avançar. Não seja como um fariseu que tenta agradar a Deus com uma vida oculta de pecado. Ao receber a graça, não use o passado como referência. Deus tem um novo futuro para você.

ASSENTIMENTO MENTAL

É difícil arrancarmos de um crente a expressão: "Eu não creio nisso". Em geral, o crente não discorda diretamente da Palavra de Deus. Por várias vezes, Jesus disse aos Seus discípulos que iria morrer e, ao terceiro dia, ressuscitar. Porém, nunca vimos Tomé responder a Jesus que não acreditava. Em outras palavras, ele emprestava os seus ouvidos, mas não entregava o seu coração. Contudo, esse silêncio não significava uma fé real, mas algo chamado assentimento mental[1].

---

[1] HAGIN, Kenneth. **A fé real**. Rio de Janeiro, RJ: Graça Editorial, 1985. Pág. 39

Assentimento mental é uma mera concordância que, quando chega no limiar da ação, recua. Um dos piores inimigos da fé não é a incredulidade, mas uma crença falsificada. O apóstolo Tiago diz: "Sejam praticantes da palavra, e não apenas ouvintes, enganando-se a si mesmos." (Tiago 1.22 – NVI). Pessoas que ouvem, mas não praticam o que escutaram, enganam a si mesmas.

Esse engano se dá pelo contato com a verdade, mas, ao mesmo tempo, pela falta de compromisso com ela; pela familiaridade sem a obediência; por encararmos a verdade como sugestão, e não como uma ordem. Por considerarmos relativo o que é absoluto. É nesse caminho que temos conquistado admiradores do cristianismo, mas não seguidores; fãs, e não discípulos. Ao que parece, as pessoas que conhecem a Palavra de Deus se iludem com o fato de que sua proximidade é suficiente para a salvação de suas almas. Não é esse o caso de muitos que vão aos cultos todo domingo, sabem de trás para frente os textos bíblicos, mas não praticam nada do que ouvem e parecem acreditar que, simplesmente pelo fato de estarem perto disso, têm a garantia do poder da Palavra operando neles?

Exemplo disso é Tomé, que ouviu sobre a ressurreição, mas quando realmente precisou agir em fé, ele não acreditou. Por isso, para o corrigir, Jesus disse:

Depois disse a Tomé: Põe aqui o teu dedo, e vê as minhas mãos; e chega a tua mão, e põe-na no meu lado; e não sejas incrédulo, mas crente. E Tomé respondeu, e disse-lhe: Senhor meu, e Deus meu! Disse-lhe Jesus: Porque me viste, Tomé, creste; bem-aventurados os que não viram e creram. (João 20.27-29)

Nós não precisamos ver para crer. Nós, primeiro, cremos para depois vermos a glória de Deus. O Senhor nos chama a acreditar no sobrenatural antes que ele aconteça. Ofertar no meio da crise financeira. Adorar no meio da prisão. Confessar a cura em meio a dores. Gritar diante de uma muralha. Marchar em frente ao Mar Vermelho. A diferença de assentimento mental para uma fé real é a ação.

Olhe para os heróis da fé, receba e continue crescendo. Nunca deixe o escudo da fé no chão. Não permita que a ignorância, o medo, uma vida de pecado e o assentimento mental façam você perder sua convicção na Palavra. A fé não é uma teoria a ser conhecida, mas um estilo de vida a ser praticado. Portanto, saia do raso e mergulhe na fé.

Este livro foi produzido em Adobe Garamond Pro 12 e
impresso pela Gráfica Promove sobre papel Pólen Natural 70g
para a Editora Quatro Ventos em maio de 2024.